BOB SORGE

AS ARMADILHAS DO INIMIGO

COMO LIDAR COM A REJEIÇÃO E O LOUVOR DOS HOMENS

Atos

Sorge, Bob

As Armadilhas do Inimigo – Como lidar com a rejeição e o louvor dos homens / Bob Sorge; [tradução de Catia Baker]. Curitiba, PR : Editora Atos, 2018.

14 cm x 21 cm – 120 p.

Título original: *Dealing with the rejection and praise*

ISBN: 978-85-7607-170-9

1. Valores, princípios. I. Título.

CDD: 200.1

Coordenação editorial
Manoel Menezes

Capa
Leandro Schuques

Primeira edição
2018

Atos

www.editoraatos.com.br

Prefácio

Há duas maneiras fundamentais de sermos curados das feridas de rejeições do passado.

1. Através de uma obra soberana da graça ministrada em nossos corações pelo poder do Espírito Santo. À medida que confessamos nossos pecados (especialmente de amargura e ira) e intencionalmente perdoamos os que nos fizeram mal, o Espírito Santo se apressa em restaurar áreas de nossa alma que foram feridas. Talvez não saibamos como Deus fez, apenas sabemos que a Sua graça nos limpou.

2. Através da iluminação da verdade em nossas mentes. Quando a verdade da palavra de Deus encontra boa terra em nossos corações, ela se instala em nós e renova nossas mentes (Rm 12.2). Começamos a experimentar o poder da promessa de Jesus, *E conhecereis a verdade, e a verdade vos libertará* (Jo 8.32).

A verdade de Deus tem o poder de nos libertar das emaranhadas cordas de rejeições do passado.

O propósito deste livro é lidar com esta segunda dinâmica – ministrar salvação e liberdade através da verdade.

Este não é um livro de respostas fáceis. Estas verdades sondarão suas atitudes e motivações interiores. Tenho a convicção que se você se unir a mim em fazer destas verdades sua busca pessoal, você embarcará no caminho da liberdade contínua e crescente na sua caminhada com Cristo. *Mas a vereda dos justos é como a luz da aurora, que vai brilhando mais e mais até ser dia perfeito* (Pv 4.18).

Venha comigo para a palavra de Deus em espírito de oração e com expectativa. Cura e liberdade virão à medida que você receber com mansidão as verdades da palavra de Deus expostas neste livro. Vamos deixar que a verdade de Deus te liberte do poder das feridas de rejeição e dos aprisionamentos de louvores de homens.

A rejeição e o louvor de homens podem ser, igualmente, armadilhas mortais. Praticamente todos nós lutamos contra estas ciladas. As verdades que nos libertam desses dois extremos são surpreendentemente similares.

Importante: Comece pelo Capítulo Um, e leia este livro em sua ordem sequencial. As verdades neste livro são construídas uma sobre a outra, e este benefício será perdido se você começar no meio ou no último capítulo.

Bob Sorge
Kansas City, Missouri

Sumário

Capítulo 1

Rejeição:
a Enfermidade Universal

Você já se sentiu rejeitado. Eu já me senti rejeitado. De uma forma ou de outra, todos nós já provamos a dor do sentimento de rejeição por outras pessoas.

Nosso mundo é cheio de rejeição:

- Bebês são indesejados por suas mães.
- Crianças são agredidas ou abusadas pelos seus pais.
- Pessoas amaldiçoam e tripudiam umas às outras.
- Pessoas são zombadas por suas condições físicas ou mentais.
- Outras são roubadas, estupradas, trapaceadas e até assassinadas.
- Amigos descartam amigos.
- Divórcios destroem famílias.
- Negociações enganosas violam vítimas.
- Nações declaram guerra contra outras.
- E a lista continua.

Até mesmo em circunstâncias felizes encontramos rejeição. Você pode até ter crescido com seus pais numa família, emocionalmente estabilizada, de classe média, e mesmo assim ter sido rejeitado. Todo ser humano sabe o que é se sentir rejeitado.

Devido à nossa falência pelo pecado, nós, seres humanos, somos especialmente hábeis em rejeitar. E nossa natureza pecaminosa também nos torna susceptíveis a sentir rejeição até quando não existe.

Rejeição é uma experiência tão compreendida universalmente que não requer definição. Todos nós sabemos o que significa. A rejeição pode tomar várias formas – palavras que ferem, falta de atenção, gestos, amor não recíproco, agressões maliciosas, etc. Quando somos feridos por outros, nem sempre rotulamos claramente como rejeição, mas mesmo quando não analisamos o incidente a fundo ou com precisão, a dor é ainda assim muito real.

Rejeição dói.

Deus colocou na fabricação da humanidade, o desejo de ser aceito e amado. Quando sentimos rejeição (o oposto de amor e aceitação), instintivamente lutamos para retomar nosso equilíbrio emocional. Nós processamos e ressentimos a experiência repetidamente, em nossas mentes, tentando encontrar uma maneira de lidar com a dor e nos isolar dela.

Processando a Dor

Todos nós temos buscado maneiras de nos escudar da rejeição, ou de encontrar resoluções para a dor de feridas passadas.

Uma vez encontrei uma carta que trouxe uma dica criativa sobre esse negócio de lidar com a rejeição. Essa carta chamou minha atenção porque me fez lembrar de muitas rejeições que meu irmão Sheldon experimentou ao concluir seu doutorado. Ele havia estudado para poder dar aula para o nível universitário. Ao se graduar, ele enviou um grande número de currículos para universidades ao redor da nação, com a esperança de ser contratado. O que ele recebeu, ao invés disso, foi uma série de respostas que são comumente conhecidas como "cartas de rejeição". Alunos de pós-graduação quase se matam para ganhar um diploma, para depois, com frequência, experimentarem rejeição sobre rejeição ao procurar um emprego no mercado de trabalho.

Esta carta é uma resposta fictícia de um graduado que se candidatou para uma vaga de ensino em muitas universidades.

Após receber uma abundância de rejeições padronizadas, ele finalmente ficou exasperado a ponto de escrever esta resposta para uma das universidades:

Prezado Professor Worthington,

Obrigado por sua carta datada em 23 de março. Após cuidadosa consideração, lamento informá-lo que não posso aceitar sua recusa em me oferecer uma vaga de assistente de professor em seu departamento.

Neste ano tenho sido particularmente beneficiado em receber um número extraordinariamente grande de cartas de rejeição. Diante de um campo tão promissor e vasto de oportunidades, é-me impossível aceitar todas as recusas.

A despeito das notáveis qualificações e experiências anteriores da Universidade Whitson em rejeitar candidatos, notifico que sua rejeição não supre minhas necessidades neste momento. Portanto, assumirei a vaga de assistente de professor em seu departamento neste mês de agosto. Estou muito empolgado em vê-lo.

Boa sorte ao rejeitar futuros candidatos.

Cordialmente,
TJ Baggins

Não seria fácil se as rejeições fossem fáceis assim de processar? Um simples meneio de ombros, uma rápida réplica que "sua rejeição não supre minhas necessidades neste momento", e então um golpe de revanche da dor. Buuu – e foi embora!

Mas, não é fácil assim.

A Dor da Rejeição

A rejeição nos afeta mais profundamente do que admitimos. Podemos nos convencer de que não fomos feridos pela rejeição de alguém, mas depois começamos a perceber que temos construído mecanismos de autoproteção para nos isolar de recorrências deste tipo de dano. Os muros de proteção que construímos ao redor de nossas almas são a evidência que a rejeição nos feriu mais do que pensamos. Consequentemente, nossos relacionamentos com outros sofrem. Nós nos distanciamos dos outros por causa de dores passadas, e agora lutamos para encontrar satisfação plena nos relacionamentos que Deus nos tem dado. A Rejeição deixou cicatriz.

É tentador responder à rejeição com um voto interior: "esta é a última vez que permitirei alguém me ferir assim". Pensamos que estamos nos protegendo de outras rejeições, mas ao invés disso, estamos nos prendendo num padrão de comportamento que só nos amarra às amarguras do passado. Quando servimos à necessidade de permanecer protegidos, nos relacionamos com os outros de uma maneira que apenas serve para aumentar o nível de rejeição que continuamos a sentir por parte deles.

Quando somos realmente feridos pela rejeição, os relacionamentos se tornam um grande risco. Calculamos, "será que os benefícios em potencial deste relacionamento valem o risco de suas possíveis dores?" Então decidimos o quanto de nossa alma abriremos para esta pessoa. Nossos relacionamentos podem ser como um jogo.

Até o casamento pode ser um jogo. Pensamos que encontramos alguém que finalmente podemos confiar, e então nos casamos. Nós nos abrimos, e nos tornamos vulneráveis para o nosso cônjuge. E depois descobrimos, com frequência, que sofremos as maiores feridas de rejeição por aqueles que mais amamos!

Eu me Identifico com este Assunto

Eu não estou escrevendo este livro numa posição de indiferença. Eu tive que lutar pessoalmente em processar rejeição de outros cristãos, e também tive que enfrentar a dor de perceber que muitos outros se sentiram rejeitados por mim. Quando Deus começou a me ensinar sobre rejeição, ele o fez nos dois sentidos – através de permitir que eu me sentisse rejeitado, e através de me permitir causar o sentimento de rejeição em outros, nas minhas falhas tentativas de me relacionar com eles.

Ao considerar aqueles pelos quais me senti rejeitado, não consigo pensar em nenhum que intencionalmente quis me ferir. E ao pensar naqueles que se sentiram rejeitados por mim, não consigo pensar em ninguém que eu quis ferir. Eu não fui malicioso com eles, eles não foram maliciosos comigo. Não estávamos tentando nos ferir ou nos rejeitar mutuamente, na verdade nossas intenções eram de amar uns aos outros. Mas de alguma forma, a rejeição aconteceu.

Algumas vezes somos rejeitados por outros. E algumas vezes nos sentimos rejeitados quando na verdade estamos sendo aceitos. De qualquer forma, os sentimentos de rejeição são o resultado de nossa humanidade falida, de nossa queda, de nossa ineptidão de nos relacionarmos com outros na perfeição de Cristo. Além disso, também é possível se relacionar com alguém de maneira perfeita – como Jesus se relacionou com os fariseus – e eles se sentirem rejeitados por você.

Comecei a me despertar para a realidade de que um número crescente de pessoas em minha esfera de influência têm se sentido rejeitadas por mim. Quando comecei a contá-

-las, fiquei alarmado de quão grande era a lista. Não consigo me lembrar de nenhum instante em que eu quis rejeitar nenhuma delas. Em alguns casos, eu sabia que seria interpretado como se estivesse as rejeitando; em outros casos, fui surpreendido pelas respostas delas. Na verdade, sofri a síndrome frustrante de sinceramente pensar que estava expressando uma aceitação e afirmação especial para alguém, e somente descobri mais tarde que receberam minhas palavras como rejeição.

Eu também já experimentei um pouquinho do que o Apóstolo Paulo escreveu ao falar com os crentes de Corinto, *Eu de muito bom grado gastarei o que tenho e me deixarei gastar pela vossa alma. Se mais vos amo, serei menos amado?* (2Co 12.15). Paulo amava tanto os Coríntios que estava disposto a colocar em risco a afeição deles para ministrar correção e repreensão em amor. Ele estendeu amor genuíno para eles, mas por causa da imaturidade deles, interpretaram amor como rejeição. Este é um dos riscos da paternidade espiritual. Quando Deus nos chama para exercermos cobertura espiritual, há momentos que nossos filhos espirituais sentem que não os amamos mais. Eles não são capazes de ver, no entanto, que estamos lhes amando mais do que nunca. Educar filhos implica que nossos filhos, algumas vezes, nos rejeitarão por causa das posições que teremos que tomar.

Em nossos melhores momentos, com a melhor das intenções, ainda podemos fazer que os outros se sintam rejeitados por nós. Enquanto estivermos nesta terra, a rejeição será sempre uma das principais questões envolvidas nas dinâmicas de nossos relacionamentos interpessoais. Todos nós já passamos por rejeição no passado. E estamos todos num caminho para um futuro que tem a palavra "REJEIÇÃO" estampada com brilho e destaque. É inevitável; é garantido que nos sentiremos rejeitados novamente. Sendo assim, como lidamos com a rejeição se torna uma questão sempre presente que temos que enfrentar honestamente e de forma prática.

Um Assunto Vasto

Lidar com a rejeição e o louvor de homem é um tópico muito intrigante e variado. Cada um de nós temos circunstâncias e situações únicas que estamos tentando processar. Alguém ao ler este livro poderá pensar em alguns pontos, "Ok, eu entendo o que você está dizendo, mas você não está de fato pontuando o que aconteceu comigo".

Com um assunto vasto como este, é impossível pontuar cada possível cenário em que há rejeição ou louvor de homens. Então, ao invés de focar em situações específicas, iremos enfatizar princípios gerais.

Se este ensino trouxer à tona uma pergunta relacionada à alguma circunstância específica, e você achar o material deste livro incompleto, eu lhe direcionaria às palavras de Jesus, *Ide, porém, e aprendei o que significa* (Mt 9.13a). Jesus falou para os seus ouvintes fazerem seu próprio estudo bíblico.

Então, anime-se, você tem o Espírito Santo que lhe foi dado para guiá-lo em toda verdade. Pegue as Escrituras e os princípios abordados neste livro, em sua sala de estudo, e creia que o Espírito Santo vai lhe ajudar a descortinar as respostas específicas que você precisa para as suas próprias e específicas circunstâncias.

Embora este livro seja limitado em seu alcance, eu oro para que ele ajude a dar direção em sua busca do coração de Deus. Venha comigo agora enquanto começamos refletir sobre este assunto fascinante.

Capítulo 2

Até Jesus Experimentou Rejeição

A Bíblia é lotada de histórias de pessoas que foram rejeitadas por outras. As pessoas mais cheias de Deus na Bíblia sofreram mais rejeição do qualquer outra. Não o menos importante deles, foi o próprio Jesus.

Jesus Foi Rejeitado

O coração conhece a própria amargura (Pv 14.10a). Ninguém além de você mesmo conhece a profundidade de suas próprias dores. Você sofreu a amargura da rejeição, em profundidades que nenhum outro ser humano entende completamente. Você tem carregado as feridas de uma dor pessoal, sofrendo de uma forma que só Deus sabe. Entretanto, Pv 4.10 não apenas se refere a nós; ele também se refere a Deus. Somente Deus conhece sua própria amargura. Ninguém de fato sabe a amargura de coração que Deus sofreu na traição de Lúcifer e de seus anjos.

E ninguém, além de Jesus sabe a amargura de sua alma em relação à rebelião da humanidade.

Ninguém entende rejeição melhor do que Jesus.

O profeta profetizou que Ele seria *rejeitado pelos homens* (Is 53.3), e os escritores dos evangelhos nos dão ampla evidência de como isso foi cumprido. João escreveu, *Veio para o que era seu, e os seus não o receberam* (Jo 1.11). Jesus disse, *Se o mundo vos aborrece, sabei que, antes de vós, aborreceu a mim.* (Jo 15.18)

Numa ocasião, pouco depois que Ele iniciou Seu ministério na Terra, Ele parou na Sua cidade de Nazaré. O povo de Nazaré conhecia Jesus desde a Sua infância, então eles debochavam de Sua mensagem e de Seu ministério. Jesus pronunciou a verdade de que não há profeta sem honra senão em sua terra. Quando Ele ilustrou aquela verdade das Escrituras, Seus vizinhos ficaram cheios de ira, e levaram-no ao cume de um monte e tentaram lançá-lo dali abaixo. Jesus escapou, mas sem dúvida sentiu a ferroada da rejeição dos seus amigos de infância.

A vida de Jesus ilustra uma simples verdade: mesmo se você for perfeito, ainda experimentará a rejeição.

Sua maior rejeição veio de líderes religiosos da época – os escribas, fariseus, saduceus, e doutores (aqueles que interpretavam assuntos legais relacionados às leis de Moisés). A seguinte passagem é apenas um exemplo entre muitos:

Dizendo-lhes isto, os escribas e os fariseus começaram a provocá-lo com insistência a fim de fazê-lo falar acerca de muitas coisas, armando-lhe ciladas para o apanharem em alguma coisa que pudesse dizer. (Lc 11.53-54)

Bom, eu chamo isso de rejeição!

Alguém disse um dia, "Quando eu me tornar mais parecido com Jesus talvez não serei tão rejeitado". A verdade é exatamente o oposto! Quanto mais você se tornar como Jesus, mais rejeição você experimentará.

Então firme o seu coração agora na expectativa que, à medida que você se tornar mais parecido com Jesus, você enfrentará ainda mais rejeição no porvir. No entanto, só porque você está sendo rejeitado, não significa necessariamente que é porque você está parecido com Jesus. Mas esteja certo de que à medida que você se tornar mais parecido com Jesus, irá provar um constante aumento de rejeição. *Ora, todos os que piamente querem viver em Cristo Jesus padecerão perseguições.* (2 Tm 3.12)

Rejeição de Jeremias

Disseram que Jesus se parecia com Jeremias, e talvez não houve no Antigo Testamento um profeta que sofreu mais rejeição do que Jeremias. Ele profetizou fielmente o que Deus deu para ele, mas como resultado, todos pareciam odiá-lo. Jeremias expressou sua dor quando escreveu, *Ai de mim, minha mãe! Por que me deste à luz homem de rixa e homem de contendas para toda a terra? Nunca lhes emprestei com usura, nem eles emprestaram a mim com usura, todavia cada um deles me amaldiçoa* (Jr 15.10). Ele está dizendo que não fez mal a ninguém, mas todos o amaldiçoavam de qualquer forma por causa da palavra profética que ele entregava em nome do Senhor.

Esta foi uma experiência muito dolorosa para Jeremias, a qual ele confirmou nos seguintes versículos:

Achando-se tuas palavras, logo as comi, e tua palavra foi para mim alegria e regozijo do meu coração; porque pelo teu nome me chamo, ó Senhor, Deus dos Exércitos. Nunca me assentei na roda dos escarnecedores, nem me regozijei. Por causa da tua mão, me assentei solitário, pois me encheste de indignação. Por que minha dor dura continuamente, e minha ferida me dói e não admite cura? Serias tu para mim como um ilusório ribeiro e como águas inconstantes? (Jr 15.16-18)

Jeremias estava dizendo que ele "se sentou sozinho" em isolamento social por causa do estigma que carregava em sua vida ministerial. A única alegria de sua vida era a palavra do Senhor, que ele prazerosamente comia (tomava para si). Ele estava em dor constante por causa de sua solidão e descrédito, e até questionava se as primeiras promessas de Deus para ele iriam se cumprir.

A resposta de Jeremias para Deus foi, *Portanto, assim diz o SENHOR: Se voltares, então te trarei, e estarás diante da minha face; e, se apartares o precioso do vil, serás como minha boca. Tornem-se eles para ti, mas não voltes para eles* (Jr 15.19). Deus estava dizendo, "Se você sair deste lugar de dúvida e preocupação consigo mesmo, você estará em pé diante da minha presença, face a face comigo. Você contemplará minha face, e será minha boca". Este foi um chamado surpreendente, mas o preço para Jeremias foi a imensa rejeição de seus compatriotas.

O galardão de Jeremias valeu o custo da rejeição que ele experimentou? Na verdade, o impacto pleno do galardão pela sua fidelidade não foi visto em sua vida. O galardão de sua consagração não seria completamente manifesto até a chegada de Cristo. Vemos isto finalmente nestas palavras do evangelho de Mateus: *Chegando Jesus às partes de Cesareia de Filipe, indagou aos seus discípulos: Quem dizem os homens ser o Filho do homem? Eles responderam: Uns, João Batista; outros, Elias; e outros, Jeremias ou um dos profetas* (Mt 16.13-14). Jesus havia sofrido uma rejeição tão disseminada que as pessoas diziam que ele se parecia com Jeremias. Os discípulos estavam dizendo, "Quando as pessoas te veem, Jesus, algumas dizem que o Senhor as fazem lembrar de Jeremias". Que epitáfio tremendo! Imagina como o coração de Jeremias vibrou ao ouvir estas palavras.

As pessoas não estavam dizendo, "Jeremias nos recorda Jesus". Eles estavam dizendo, "Jesus nos recorda Jeremias". Ao verem tanta rejeição que Jesus experimentava, as pessoas diziam que Ele as recordava Jeremias. Este foi o clímax do galardão de Jeremias. Rejeição nunca é prazerosa, mas estou lhe dizendo que qualquer porção de rejeição vale a pena por aquele tipo de afirmação! Temos que nos parecer com Jesus!

O Galardão da Rejeição

Quando abraçamos a rejeição como Jesus fez e nos determinamos a lidar com a rejeição por amor de Seu nome, compartilhamos o galardão deste descrédito. A rejeição terrena, propriamente abraçada, é uma oportunidade para ganhar um tesouro celestial.

As Escrituras usam a pérola como um exemplo brilhante desta verdade. A pérola é uma substância natural que uma ostra produz quando é afligida por uma fonte externa. Quando o grão arenoso penetra numa fenda dentro da concha de uma ostra, localizado de tal forma que a ostra não consegue desalojá-lo através de esguichando água, a ostra usa um sistema de defesa para lidar com o irritador. Ela libera uma substância que produz um revestimento suave e liso ao redor do grão de areia – uma substância chamada pérola. Com o passar do tempo, camada após camada é acrescentada. Eventualmente, aquilo que irritou e afligiu a ostra é exatamente aquilo que produzirá algo de grande valor e beleza.

Da mesma forma, a pérola é usada na Bíblia para descrever o tesouro eterno que tribulações e crises produzem em nós. Jesus disse: *Não deis aos cães as coisas santas, nem deiteis aos porcos vossas pérolas; não aconteça que as pisem e, voltando-se, vos despedacem.* (Mt 7.6)

O que Ele quer dizer com isto é, "Não pegue aquelas lições valiosas que você aprendeu no fogo, aquelas coisas preciosas que você ganhou enquanto estava sendo refinado no crisol da rejeição, e depois simplesmente lance-as para qualquer pessoa, sem discernimento. Se você não tomar cuidado, você pode pegar algo que aprendeu na estação de crise e compartilhar com a pessoa errada, e ao invés dela ser abençoada pela preciosidade que você ganhou, ela irá desprezar o que você diz e desvalorizar o que você aprecia".

Jesus quer que tornemos nossas dores em pérolas. Essa pérola é muito bonita aos olhos de Deus, mas é desprezada pelas pessoas sem discernimento.

O Apocalipse descreve os portões do céu desta maneira: *As doze portas eram doze pérolas; cada uma das portas era uma pérola; e a praça da cidade, de ouro puro, como vidro transparente* (Ap 21.21). Em outras palavras, nós entramos na cidade celestial por portões de pérolas. Há apenas um caminho para chegar no céu, e este é tornando as tribulações da vida em tesouro eterno (pérola). Os apóstolos confirmam isto ao dizerem, *confirmando o ânimo dos discípulos, exortando-os a permanecer na fé, mostrando que por meio de muitas tribulações nos importa entrar no reino de Deus* (At 14.22).

Jesus está procurando por uma noiva com este tipo de caráter perolado. Ele pontuou isto em uma de suas parábolas: *Outrossim, o reino dos céus é semelhante ao homem, negociante, que busca boas pérolas; encontrando uma pérola de grande valor, foi, vendeu tudo quanto tinha e comprou-a* (Mt 13.45-46). O próprio Jesus é o comerciante que, ao encontrar uma pérola de valor superior, vendeu tudo para comprá-la. Esta pérola de grande valor é a noiva de Cristo – o povo de Deus – aqueles que chegaram da grande tribulação, mas que tornaram as dores da vida em pérolas. O preço que Ele pagou foi sua morte na cruz, em que nos redimiu para Si mesmo. Jesus olha para a sua noiva redimida como "uma pérola de grande valor", e Ele é totalmente apaixonado por ela. Ele olha para a sua deslumbrante glória e diz, "Uau! Ela é linda!"

Nenhuma criatura nos panteões dos exércitos do céu provou da mesma rejeição que o Filho de Deus experimentou – nenhum, quer dizer com exceção de Sua noiva. Seu coração é inclinado em grande afeição por esta noiva que tem compartilhado de Seus sofrimentos.

Certamente, vale a pena abraçar apropriadamente qualquer rejeição nesta vida, para sermos atraentes ao nosso amado noivo no último dia por causa de nossas experiências e adversidades compartilhadas!

Capítulo 3

Rejeição: uma Ferramenta Especial de Deus

Na bancada do Mestre, onde Ele forma seus servos à imagem de Cristo, há muitas ferramentas à disposição para moldar o caráter em desenvolvimento. Entretanto, há uma ferramenta que ele usa de maneira poderosa e singular para acelerar a maturidade de seus vasos escolhidos, e sim, esta ferramenta é chamada "rejeição".

A rejeição é uma das ferramentas especiais de Deus na escola do Espírito. Quando Deus expressa uma afeição especial a um santo, Ele molda este santo, cercando-o com doses extraordinárias de rejeição.

Jó é um grande exemplo desta verdade. Por causa da afeição de Deus por Jó, Deus usou a rejeição de maneira profunda para formar o caráter dele enquanto estava no crisol. A rejeição que Jó recebeu de seus amigos, familiares e conhecidos, foi projetada por Deus como uma parte necessária do processo de forjá-lo para uma verdadeira paternidade espiritual. Eu desenvolvo este assunto com mais profundidade no meu livro sobre Jó.

Quando Deus destina um santo para ser uma influência extraordinária no corpo de Cristo, Ele o prepara por meio da rejeição de pessoas. Se aquele santo tiver que se tornar um servo compassivo na liderança, em primeiro lugar ele precisará se encher profundamente do aguilhão lacerante da rejeição. Isso o tornará mais brando para a realidade da rejeição, e ajudará a sensibilizá-lo sobre o quão facilmente a rejeição pode ser infligida sobre os outros. Devido à sua sensibilidade nesta área, o servo-líder cuidará do rebanho de Deus com especial cuidado e ternura. É para estes pastores sensíveis que Deus pode confiar maior influência.

Deus tomou um homem de um aprisco, e devido ao Seu especial deleite sobre ele, Deus o chamou para ser o pastor de Israel. Mas para prepará-lo para aquele lugar de influência extraordinária, Deus teve que temperá-lo com doses de rejeição. Refiro-me ao Rei Davi.

As Rejeições de Davi

Poucos homens sofreram rejeição como Davi. Considerando que Deus gostava tanto dele, é interessante notar quantas pessoas eram incomodadas por ele. Aqui estão apenas alguns poucos exemplos dos tipos de rejeição que Davi sofreu:

- Quando Samuel chegou à casa de Jessé para ungir um de seus filhos a rei de Israel, Jessé chamou todos os seus filhos para a reunião – exceto seu filho mais novo, Davi. Jessé nem ao menos considerou Davi com um candidato em potencial! Davi foi ungido por Deus de qualquer maneira, embora fosse esperto o suficiente para sentir a rejeição de seu pai.
- Quando Davi foi enviado por seu pai para ver como seus irmãos estavam no campo de batalha, Davi foi ferido de rejeição pelos seus irmãos. Eliabe ainda estava com ciúmes porque Davi era o ungido de Deus, então quando Davi chegou para visitá-los, disseram-no que, *Ouvindo Eliabe, seu irmão mais velho, falar àqueles homens, acendeu-se sua ira contra Davi, e disse: Por que desceste aqui? A cargo de quem deixaste aquelas poucas ovelhas no deserto? Bem conheço tua presunção e a maldade do teu coração; desceste apenas para ver a peleja* (1Sm 17.28). Aquelas palavras foram fortes ferroadas de rejeição.
- Seu sogro, o Rei Saul, tentou matá-lo. Repetidamente. (Eu chamo isto de rejeição!)
- Sua espoca, Mical, o menosprezou em seu coração enquanto ele dançava perante o Senhor, *Voltando Davi*

para abençoar a sua casa, Mical, a filha de Saul, saiu ao seu encontro e disse-lhe: Quão honrado foi o rei de Israel, descobrindo-se hoje aos olhos das servas de seus servos, como sem pejo se descobre qualquer dos vadios (2Sm 6.20). Ele foi rejeitado até pela sua esposa!

- Dois de seus próprios filhos, aos que ele amava profundamente (Absalão e Adonias) tentaram em diferentes ocasiões destronar o pai, matá-lo, e tomar o seu trono. Uma ferroada de rejeição não poderia ser mais pessoal e aguda do que esta.

Como Davi processou toda essa rejeição? As evidências indicam que em meio a estas e outras rejeições, Davi continuamente se retirava para o lugar secreto e renovava sua esperança e confiança no Senhor. Ele foi capaz de manter sua perspectiva em todas as rejeições de homens porque estava recebendo dentro de si a impetuosa aceitação do seu Deus. Posso imaginar Davi dizendo, "Eu posso enfrentar toda essa rejeição quando tenho a terna aceitação de Deus".

Deus Projeta a Rejeição Para o Nosso Benefício

Embora Davi tenha sido rejeitado por muitas pessoas, a personalidade mais importante de sua vida que ilustrou os efeitos traumatizantes da rejeição foi Absalão. Absalão resume a rejeição que vem contra os ungidos de Deus.

Sempre que há um Davi, há um espírito de Absalão. Isso acompanha o território. Deus usa a rejeição de Absalão para manter Seus Davis quebrantados e contritos. Todos nós temos o potencial para sermos um Absalão, e todos nós temos o potencial para sermos um Davi. Absalão se sentiu rejeitado por seu pai, Davi, então se vingou, procurando usurpar a esfera de autoridade de seu pai. Davi se sentiu rejeitado por Absalão, mas permitiu que aquela rejeição o mantivesse sereno e clamando a Deus.

Porque ele respondeu apropriadamente, foi a rejeição que temperou a alma de Davi e o protegeu de uma liderança tirana.

Um passo importante em direção à liberdade na alma é quando conseguimos ver Deus como o autor das rejeições da vida e não os homens. Embora os homens estejam distribuindo a rejeição, Deus está na verdade, permitindo em Seu plano soberano para um propósito divino. A rejeição está produzindo algo muito profundo em nossa alma e em nosso espírito. Se respondermos apropriadamente, a rejeição será usada por Deus para nos moldar e conformar com a imagem de Cristo. Abraçada apropriadamente, a rejeição de Absalão pode se tornar um presente.

Ao sentirmos as ferroadas das rejeições dos homens, enquanto visualizarmos os homens como a fonte da rejeição, iremos ter lutas em nossas atitudes com eles. A Liberdade começa a ser descortinada ao percebermos que Deus projetou a rejeição deles para o nosso benefício pessoal. Então, ao invés de lutarmos em nossos corações contra aqueles que nos rejeitaram, podemos dar graças a Deus que permitiu aquilo para um propósito maior.

Lembre-se: se Ele realmente te ama, articulará uma rejeição especialmente dolorida pra você. Aqueles que Deus mais se agrada são os mais rejeitados (ex. Jesus, Davi, os profetas e outros). Este é um elemento essencial no processo de Deus para formação do caráter no interior de Seus servos.

Pode ser fácil pensar, "Ficarei grato quando eu tiver passado no teste da rejeição". Veja, Davi foi rejeitado até o dia de sua morte! **Rejeição é um ingrediente vital no treinamento**

de líderes dos últimos tempos, e depois de sermos treinados e levantados, ela continua a ser uma ferramenta necessária para manter e guardar nossos corações em humildade. Então, esteja preparado. Você nunca crescerá acima da necessidade da rejeição para quebrantar seu coração diante de Deus.

Ao ver a rejeição como um presente de Deus para te manter flexível e dependente de Deus, você ganhará uma nova liberdade para se relacionar com as pessoas em amor. Embora você saiba que as pessoas não são dignas de confiança, você será capaz de se dar a elas em amor não correspondido, sabendo que qualquer rejeição que você receber delas é uma oportunidade para desenvolvimento de caráter.

Quando as pessoas te rejeitarem, mas você estiver cheio no seu interior das profundas afeições do seu Pai por você, então será capaz de se doar ao seu irmão em amor, independente de como ele te tratar. Você pode amar novamente, sabendo que eventualmente o homem falhará com você. Mas você conhece a sinceridade daquele irmão, e você tem uma fé fervorosa na graça de Deus que opera nele. Então será capaz de amá-lo sem hipocrisia, mesmo sendo totalmente consciente de sua fragilidade e fraqueza.

Capítulo 4

A Verdadeira Fonte de Cura

É um Processo

Aprender a responder apropriadamente à rejeição é um processo que geralmente leva muitos anos. Quando somos novos convertidos, a Bíblia nos chama de "meninos". Como meninos, não lidamos com a rejeição com maturidade, então o Senhor nos desafia a crescer em respostas espirituais e maduras. Este processo de crescimento é medido não simplesmente em meses, mas em anos.

Os meninos são geralmente mais feridos por rejeição. Jesus estava se referindo aos meninos ao dizer, *Jesus disse aos discípulos: É impossível que não venham escândalos, mas ai daquele por quem vierem! Melhor lhe fora que lhe atassem ao pescoço uma mó de atafona e fosse lançado ao mar do que fazer tropeçar um destes pequenos* (Lc 17.1-2).

Os meninos não têm as ferramentas para lidar com a rejeição de maneira correta. Leva anos para alguns meninos chegarem a um acordo com a rejeição que sofreram. Da mesma forma, como meninos espirituais, pode nos levar anos para abraçarmos completamente todas as verdades nesta área. Eu sou um exemplo vivo desta realidade. Embora esteja vendo algumas coisas, e aprendendo mais e mais como responder à rejeição, continuo numa curva de aprendizagem. E espero continuar aprendendo por muitos anos.

Disse tudo isso para dizer: dê a você mesmo um tempo para dominar os princípios para vencer a rejeição. Maturidade cristã não é uma conquista instantânea, mas um processo vitalício.

A rejeição pode ser vista como um presente de Deus. A rejeição dos homens tem sido a ferramenta que Deus tem usado para ajudar muitas pessoas a verem sua falência espiritual, guiando-as aos pés da cruz em total arrependimento e fé. Nestes casos, agradeça a Deus pela rejeição! **Se permitirmos, a rejeição pode nos levar ao lugar de encontro com Deus.** Tome como exemplo aqui, a história de um peixe que foi rejeitado pelo pescador. O pescador o jogou de volta na água porque ele era muito pequeno. O peixe se sentiu muito rejeitado, especialmente pelo fato que seu irmão mais velho estava no interior do barco, totalmente aceito pelo pescador. O que aquele pequeno peixe não percebia é que *a rejeição era uma benção.* Da mesma forma, a rejeição de outros pode ser uma benção se permitirmos que ela nos conduza à verdade e a liberdade do Reino.

As simples verdades neste livro têm o potencial, através do poder do Espírito Santo, de ajudar a redimir as feridas de rejeições do passado em pérolas de benção do reino.

Agora vamos começar a analisar os princípios envolvidos em responder à rejeição de maneira redentiva.

A Fonte da Cura

Jesus chamou a rejeição de provação. Nos últimos dias de seu ministério terreno, Ele disse aos Seus discípulos, *Vós sois os que tendes permanecido comigo nas minhas tentações.* (Lc 22.28). Temos a tendência de olharmos para os três anos de ministério de Jesus como incrivelmente empolgante e tremendamente inspirador. Jesus, entretanto, os chamou de "provações". Aqui temos uma forma peculiar de como Ele percebia Sua caminhada na Terra. Para Jesus, foram três anos de dores. E a principal fonte de Sua dor era a incessante rejeição que Ele enfrentava de Seus detratores.

Jesus disse que rejeição é uma provação, uma vergonha para a alma. Porém mesmo que Jesus tenha sentido as dores da rejeição, sua alma nunca foi ferida por estas dores. Ele nunca foi amargurado ou ofendido por elas. Ele descobriu uma maneira de processar a rejeição, então ela o espetava, mas não o feria.

A rejeição dói, mas não precisa ferir. É dolorida, mas não tem que penetrar o coração. A rejeição sempre vai dar uma ferroada, mas há um bálsamo de cura. Ela é a afeição incomparável que o Pai derrama sobre Seus filhos! Não importa a fonte da rejeição, nem a natureza da rejeição, eu tenho uma fonte interna de aceitação que flui do coração do meu Pai para mim.

Ele me aceita quando outros me rejeitam. Ele me aceita, com verruga e tudo. Ele me aceita mesmo quando eu erro. Ele me aceita mesmo quando eu peco. Ele me aceita independente da minha atuação espiritual. Ele me aceita baseado na obra completa da cruz de Cristo e de Seu sangue derramado. Eu sou tão aceito pelo céu quanto o próprio Filho de Deus! Quando essa aceitação está lavando o interior da minha alma, nenhum nível de rejeição externa pode me ferir. Estou sendo constantemente curado pelas eternas afeições do Criador do universo – que por acaso também é meu Pai!

Quando somos picados pela rejeição, precisamos aprender a nos retirar ao lugar secreto, para sermos renovados e limpos, nas afeições do nosso amoroso Pai celestial, a fonte da cura. **A rejeição é uma provação – mas a aceitação do Pai é um bálsamo de cura.**

Perdão

Um dos primeiros passos para ser curado das destruições da rejeição é estendendo completo perdão para aqueles que nos fizeram mal. Há muita coisa para se dizer sobre perdão, e não está dentro dos propósitos deste livro desenvolver esta verdade. Muitos livros têm sido escritos sobre o assunto do perdão, e todos os cristãos deveriam dominar este assunto. Mas deixe-me fazer uma breve colocação.

Jesus exemplificou o perdão verdadeiro quando, na sua crucificação, Ele orou: *Jesus, porém, dizia: Pai, perdoa-lhes, porque não sabem o que fazem. E, repartindo suas vestes, lançaram sortes sobre elas* (Lc 23.34).

Eu costumava pensar, "Foi fácil para Jesus perdoar seus crucificadores porque eles eram apenas soldados seguindo ordens". Mas, um olhar mais atento me deu uma perspectiva diferente. Uma leitura cuidadosa do julgamento e crucificação de Jesus revelam que os soldados foram muito mais além do que o dever ditava para infligir dor e escárnio em nosso Senhor. Eles puseram uma coroa de espinhos nele, cravaram os espinhos em sua testa com um cajado, vestiram-no de púrpura (a cor da realeza), debocharam dele, e bateram nele repetidamente. Estes soldados romanos odiaram sua convocação militar em Jerusalém. Lidar com os judeus era sempre uma confusão, e pelo que parece, eles expressaram suas raivosas frustrações em cima daquele jovem judeu que parecia ter um complexo messiânico.

Os soldados ultrapassaram em muito suas ordens em maliciosamente violar Jesus, e mesmo assim Ele os perdoou!

Mas Jesus não meramente os perdoou. Ele deu um passo a mais. Ele disse, "Pai, eu não apenas os perdoo, mas eu estou te pedindo que o Senhor os perdoe também".

É possível perdoar sem dar o próximo passo. É possível perdoar alguém, e ao mesmo tempo estar pensando, "Só espere. Sua vez está chegando. Há um dia de juízo chegando. Um dia você estará em pé diante do trono do Deus Todo-Poderoso. Os segredos virão à luz, e você receberá o que é seu! Ah, eu te perdoo; mas um dia você irá pagar!"

Jesus estava dizendo, "Pai, estou te pedindo que o Senhor apague dos teus registros no céu, este pecado que eles cometeram contra mim. Quando eles estiverem em pé diante do Senhor, que este pecado nem ao menos apareça contra eles". Esta também foi, a oração de Estevão, o primeiro mártir cristão, enquanto estava sendo apedrejado até à morte por sua fé, *Pondo-se, então, de joelhos, clamou em alta voz: Senhor, não lhes imputes este pecado. Depois dessas palavras, adormeceu* (At 7.60).

Agora vamos trazer isto à prática. Vamos imaginar, por exemplo, que o teu pai terreno te rejeitou. Não apenas ore, "Senhor, eu perdoo meu pai". Diga, "Senhor, eu estou te pedindo que o Senhor apague dos registros do céu, todo pecado que meu pai terreno cometeu contra mim. Eu o perdoo, mas agora peço que o Senhor o perdoe, também". **Quando você libera os seus ofensores do julgamento de seus pecados, você quebra o poder da falta de perdão e encontra uma nova liberação para se relacionar em liberdade com outros que pecam contra você.**

Aceite o Amor do seu Pai

O próximo passo para se tornar livre do poder da rejeição é aceitar o amor do seu Pai celestial por você. Quando este amor, de fato, toca o teu coração, ele queima as cordas que a rejeição amarrou ao redor do teu coração.

Mas aqui está a chave: **você tem que crer em João 3:16!** *Porque Deus amou o mundo de tal maneira que deu seu Filho unigênito, para que todo que nele crê não pereça, mas tenha a vida eterna.*

Ele te ama tanto que deu Seu único Filho – o Filho que Ele ama tão desesperadamente – para a morte de cruz. Você tem que crer que Deus te ama nesta intensidade.

E uma vez que você crer neste amor, você tem que recebê-lo. Se você aceitar a paixão dele por você, ela te lavará totalmente "em ondas insondáveis de amor" (como dizia o antigo hino cristão). O amor dele te renovará, saturará, fortalecerá, susterá, te levantará e te dará poder. O amor dele é o maior poder do universo.

Seu inimigo, o diabo, fará qualquer coisa para te impedir de aceitar e receber este amor. Isto é o que Paulo nos alertou, *O Espírito, porém, expressamente diz que nos últimos tempos apostatarão alguns da fé, dando ouvidos a espíritos enganadores e a doutrinas demoníacas* (1Tm 4.1).

Os demônios querem te levar ao engano de que Deus não te ama tanto assim. Se você abraçar estas "doutrinas de demônios", você se "apartará da fé", da confiança de que Deus te ama tanto quanto Ele ama o próprio Jesus Cristo. Quando você duvida do amor do Pai, você está se desviando da fé.

Ah, que poder é liberado quando cremos e aceitamos Seu amor por nós! Ele te ama apesar da tua imaturidade. Ele te ama até mesmo com o teu problema de temperamento inconstante. Ele te ama até mesmo com o teu peso corporal. Ele te ama mesmo com as tuas lutas com a luxúria. Ele te aceita mesmo com todas as suas manias. Ele te aceita por causa de quem Ele é, não por causa de quem você é.

Vamos deixar o Espírito Santo depositar isto de maneira profunda em sua consciência: você é desenfreadamente e irrevogavelmente amado e apreciado por Deus!

Permita que estas garantias da aceitação de Deus mais uma vez lave sua alma e renove a sua mente:

- *Contudo, tão somente reconhece tua iniquidade, porque contra o SENHOR, teu Deus, transgrediste e estendeste os teus caminhos aos estranhos, debaixo de toda árvore verde, e não deste ouvidos à minha voz, diz o Senhor* (Jr 3.13).
- *Todo que o Pai me dá virá a mim; e o que vem a mim, de maneira nenhuma lançarei fora* (Jo 6.37).

- *para louvor e glória da sua graça, que ele nos concedeu gratuitamente no Amado* (Ef 1.6)
- *Porque não recebestes o espírito de escravidão, para outra vez estardes em temor, mas recebestes o Espírito de adoção de filhos, pelo qual clamamos: Aba, Pai! O mesmo Espírito testifica com nosso espírito que somos filhos de Deus. Se somos filhos, somos também herdeiros, herdeiros de Deus e coerdeiros com Cristo, se, porventura, com ele padecemos, para que também com ele sejamos glorificados* (Rm 8.15-17).
- *Portanto, recebei uns aos outros, como também Cristo nos recebeu para a glória de Deus* (Rm 15.7)

Para alguns de vocês, esta seção é a chave cura. **Até que você seja estabelecido no seu interior no amor de Deus, você sempre será susceptível às feridas da rejeição.** Aqueles que não aprenderam a encontrar sua satisfação na aceitação do Pai, sempre acabam procurando-a em lugares errados. E ao invés de encontrar a aceitação que eles buscam, são novamente rejeitados. O único lugar de aceitação eterna é nos braços do seu amado Salvador!

Espírito Santo, eu oro para que o Senhor ative estas Escrituras em nossos corações novamente, neste dia, que possamos ter poder em nosso homem interior para compreender e conhecer este amor, e que o poder deste amor possa curar as marcas de cada rejeição que temos sofrido pelas mãos de homens. Amém.

Capítulo 5

Sua Fonte de Aceitação

Jesus e Mais Nada

O terceiro passo para a cura da rejeição é encontrado nesta simples, mas profunda declaração: **Quando Deus me aceita, eu não preciso da aceitação de mais ninguém.**

Ora, é *bom* ser aceito por outras pessoas. Mas para o cristão, isto não é *necessário*. Quando percebemos que somos aceitos e abraçados pelo bom Deus do universo, a aceitação de pessoas se torna secundário. Tudo o que eu realmente preciso é da aceitação Dele. Quando eu tenho isso, eu posso enfrentar a rejeição de qualquer um e de todos.

Foi assim que Jesus viveu. Ele tinha a aceitação do Pai satisfazendo o interior de sua alma, então Ele não precisava da aceitação de mais ninguém para dar-lhe um senso de identidade própria. Quando o Pai disse, "Este é o meu Filho Amado em quem me comprazo", eu posso imaginar a resposta do coração de Jesus sendo algo assim, "Isso é tudo o que eu preciso! Só o saber que o Senhor aprova a minha vida, Pai, isto é suficiente para mim. Agora eu sou completo e descanso em Tua afeição e aprovação. Não me importo se me rejeitam, contanto que eu saiba que o Senhor me aceita!"

Se o Pai está aprovando as nossas vidas, o mundo pode se levantar contra nós, nos jogar tomates, nos chamar de nomes desagradáveis – contudo não seremos feridos por dentro porque em nosso interior, estamos nos alimentando da afirmação do Pai.

Estas foram as implicações por trás desta declaração sobre Jesus: *Mas o próprio Jesus não se confiava a eles, porque conhecia a todos. Não necessitava de que alguém testificasse do homem, porque ele bem sabia o que havia no homem* (Jo 2.24-25). Jesus sabia que Ele não poderia depender da aceitação de homem, pois os homens são inconstantes em seus sentimentos. A única aceitação que Jesus permitia alimentar Seu espírito era a aceitação do Pai.

Alguém pode dizer, "eu sei que temos que nos satisfazer somente com a aprovação de Deus e mais nada, mas algumas vezes apenas precisamos de um abraço de um ser humano". Eu tenho que discordar. Enquanto procurarmos no ser humano a nossa aprovação, estaremos enlaçados em estações de frustração e decepção. Eu não posso recuar neste ponto. Minha mensagem é muito direta: *Jesus e nada mais.* Eu preciso de Jesus e nada mais. Quando eu O tenho, verdadeiramente, não preciso de mais nada. Quando tenho seu respaldo, não preciso mais do respaldo de ninguém. Quando tenho sua aceitação e aprovação, não preciso da aceitação nem da aprovação de nenhuma outra fonte. Sua aceitação por si só, é suficiente. Irei mais fundo com base nesta premissa, então, não posso recuar.

Uma Palavra de Equilíbrio

Antes de seguir em frente, entretanto, quero deixar claro o que eu *não* estou dizendo. Quero deixar claro que eu *não* estou defendendo um espírito independente. Não estou sugerindo que você tenha uma atitude em relação aos outros que soe como, "Ei cara, Jesus me respalda, então sai fora".

O Senhor nos chamou para caminhar em interdependência com nossos irmãos no corpo de Cristo. Não podemos andar por aí como se não precisássemos de outros membros do corpo em nossa vida, pois precisamos uns dos outros desesperadamente! Jesus construiu Seu reino de tal forma que ninguém recebe a figura completa todo o tempo. 1 Coríntios 12 articula perfeitamente a maneira que cada membro do corpo é dependente de outros membros. Então, todos nós precisamos uns dos outros, em muitas e muitas maneiras.

Buscamos uns aos outros, para encorajamento, conselho, apoio em oração, socorros, sabedoria, perspectiva, correção, etc. Contudo, não podemos buscar que os outros sejam a nossa fonte de aceitação. Nosso senso de aceitação vem apenas de Deus.

Isso nos leva a uma tensão bem difícil e sensível. De um lado, Deus nos chama para nos relacionar uns com os outros em humildade, prestando contas, e em submissão mútua. As Escrituras nos exortam a termos "um coração quebrantado" em relação aos outros. Mas, por outro lado, temos que ser impassíveis diante da rejeição dos homens. Então, eu tenho que abrir meu coração para o teu amor e tua correção, mas tenho que ser impassível e não ferido pela rejeição. **Estou convencido que este é um dos maiores desafios da maturidade cristã: me fazer vulnerável para a bondade e afeição, e ao mesmo tempo não me permitir ser penetrado pela rejeição.**

Quando nos cobrimos contra a rejeição de outros, é fácil nos vestir ao mesmo tempo contra a correção e repreensão. Mas todos *precisamos* das repreensões corretivas e amorosas de nossos irmãos. Então a tensão aqui é muito real, e o perfeito equilíbrio deve ser nossa busca constante.

É um sinal de maturidade quando conseguimos receber correção sem interpretá-la como rejeição.

Qual é a Tua Fonte de Aceitação?

Acabo de chegar num dos mais importantes princípios deste livro. Este princípio, devidamente entendido e abraçado, pode ser um tremendo catalisador para a cura da tirania da rejeição. Aqui está:

Você não será curado de rejeição, analisando a fonte da sua rejeição, mas ao olhar para a sua fonte de aceitação.

Deixe-me explicar. Algumas pessoas tentam encontrar a cura para as feridas de rejeição, analisando cada instante em que elas foram rejeitadas. Eles voltam e revivem as experiências dolorosas do seu passado e depois pedem para Deus trazer cura aos seus corações enquanto elas perdoam aqueles que lhe fizeram mal.

O problema é simplesmente este: poderia levar dias, semanas ou até meses para você analisar todas as rejeições do passado e lidar com elas nesta maneira metódica. E assim, até que você termine de analisar todas as suas rejeições do passado, pode já ter passado tempo suficiente, para que neste interim você tenha acumulado uma nova lista de rejeições. A lista é sem fim. E o que dizer daquelas rejeições que você nem percebeu?

Não, eu não acho que esta seja a melhor maneira de ser curado da rejeição. Eu creio que, ao invés disso, a cura venha, em analisar a sua fonte de aceitação. **Para quem você está olhando como a sua fonte de aceitação?** Esta se torna a pergunta crucial.

Sofremos rejeição quando buscamos a aceitação de alguém e não a encontramos. Por favor, releia esta declaração cuidadosamente. A rejeição é o resultado de buscarmos aceitação de homens e não a encontrar. Quando ansiamos pela aceitação de homens, estamos nos posicionando para rejeição pois as pessoas são pecaminosas e imperfeitas em suas respostas. **Quando eu anseio pela aceitação, eu me abro para a rejeição.**

A chave se encontra em decidir que Jesus se tornará a sua única fonte de aceitação. Quando você chegar neste lugar onde a sua alma não desejar nada além do que a aceitação de Jesus, você nunca mais será vitimizado pela rejeição dos homens.

Vamos ilustrar esta verdade com nosso cenário anterior – o pai terreno que nos rejeitou a vida toda. Muitos de nós somos profundamente feridos porque parecemos nunca ter suprido as expectativas de nosso pai, não importa o quanto tenhamos tentado. Lutamos pela aceitação dele, mas ao invés disso, recebemos apenas rejeição em cima de rejeição.

Então decidimos perdoar nosso pai. Permitimos que a graça de Jesus lave e cure nossas feridas antigas. Nos sentimos livres. Mas depois algo acontece. Fomos para casa no Natal. E enquanto estávamos com nossos pais no feriado, nosso pai explodiu num ataque de raiva como ele tem feito por muitos anos. Cada ferida do passado parece ter sido aberta tudo de novo, e nos encontramos esmagados e rejeitados por nosso pai novamente. **Nós tínhamos lidado com as feridas do passado, mas não estávamos equipados para enfrentar as feridas do presente.**

Aqui está a pergunta que eu quero que você faça a si mesmo: "para quem eu estou olhando para aprovação e aceitação?" É possível que você ainda esteja buscando por uma pequena demonstração da aprovação do seu pai terreno? Se a tua alma continua tateando por uma pequena demonstração da aceitação do seu pai, você está se abrindo para uma possível rejeição e para feridas repetidas. Você deseja a atenção dele, mas parece nunca recebê-la, da maneira que você quer. E em vez disso, você sai se sentindo mais e mais rejeitado.

Quando esperamos pela aceitação de homens, nos fazemos vulneráveis para a rejeição deles. Eu te encorajo a decidir hoje, "Senhor, a Tua aceitação em minha vida, é tudo que eu preciso. Quando o Senhor me aceita, eu não preciso mais da aceitação de ninguém. Eu sou completo em teu amor".

Decida que de agora em diante, você não vai procurar aceitação em ninguém mais a não ser em seu Pai celestial.

Deixe que a aceitação dele encha e satisfaça o teu coração. Você não precisa mais da aceitação do seu pai terreno porque você é totalmente nutrido e completamente satisfeito pela aceitação do seu Pai celestial.

E você é completo Nele (Cl 2.10).

Quando você é completo na aceitação do seu Pai celestial, e não mais anseia pela aceitação do seu pai terreno, a rejeição do seu pai nunca mais te ferirá. Ela vai te picar, mas as afeições do Pai que você carrega em seu interior, irão rapidamente curar aquela ferroada da rejeição humana, concedendo-lhe a graça para se relacionar com seu pai terreno com amor e perdão.

Fechando a Porta para a Rejeição

Eu disse no início deste livro que as questões concernentes a lidar com a rejeição e o louvor de homens, são idênticas. Podemos ver isto aqui. A questão é: você está buscando a aceitação dos homens? Aqueles que querem a aceitação dos homens, mas não recebem, sucumbem nos sentimentos de rejeição; aqueles que querem a aceitação dos homens e recebem, caem na armadilha do louvor de homens.

Enquanto você estiver buscando a aceitação dos homens, você está se fazendo vulnerável para a rejeição deles. **Se a aceitação dos homens te faz crescer, a rejeição dos homens irá te devastar.** Entretanto, quando você fecha a porta da necessidade de aceitação dos homens, você também fecha a porta para a rejeição dos homens.

Este princípio é reforçado em Ec 7.21, *Não apliques o coração a todas as palavras que se disserem, para que não venhas a ouvir que teu servo te amaldiçoa.*

Muitas pessoas são tocadas pela aceitação das outras pessoas, e por isso, são tocadas pela rejeição delas. Suas vidas podem se tornar como uma montanha russa emocional. Diga algo bom pra elas, e elas subirão; diga algo de maneira errada pra elas, e elas serão devastadas.

Ao contrário disso, Jesus era absolutamente estável em Sua química emocional. **Jesus não era tocado pelo louvor dos homens, por isso não era ferido pela rejeição deles.** E Ele foi muito rejeitado!

Eu costumava pensar que Jesus era muito "casca grossa". Eu via Jesus como alguém tão firme que nada poderia penetrar sua alma e feri-lo. Mas eu estava completamente errado sobre quem Jesus é. Jesus não era impassível diante da rejeição porque Ele tinha uma casca exterior resistente; Ele não era tocado pela rejeição porque não era tocado pela aceitação. A rejeição dos homens nunca penetrou sua alma porque Ele não permitia que os louvores dos homens alimentassem sua alma.

Jesus encontrou Sua identidade completa na aceitação do Seu Pai, e assim você e eu, podemos!

Mais uma vez, ser completamente satisfeito na aceitação do Pai não é uma realização apressada, mas um processo lento e progressivo.

Repetindo, fechamos a porta para receber a rejeição dos homens ao fecharmos a porta para receber a aceitação e o louvor deles. Quando não formos mais inflados pela aceitação de outros, não seremos mais deflacionados por suas rejeições.

Não Podemos Servir a Dois Senhores

Você não pode buscar a aceitação de Deus e do homem juntamente.

Siga esta progressão de pensamento, cuidadosamente: quando você busca a aceitação de alguém, você tentará agradá-lo. Quem quer que você deseje agradar, você se tornará seu servo. E, *ninguém pode servir a dois senhores* (Mt 6.24).

Você não pode servir a Deus e ao homem. Você não pode agradar a Deus e ao homem. Você não pode buscar a aceitação de ambos.

Você tem que decidir.

Enquanto continuamos neste livro, faça estas perguntas pra você mesmo:

- Eu busco a aprovação dos homens?
- Quando as pessoas me elogiam, isso fortalece meu senso de autoestima e auto realização?
- Eu me alimento do louvor dos homens?

Capítulo 6

A Armadilha do Louvor dos Homens

Então agora, chegamos nesta grande questão, o problema do louvor dos homens. Antes de terminarmos, eu espero que você veja como as questões relacionadas à rejeição e louvor dos homens, são muito similares. Rejeição e louvor são termos opostos, com questões de raízes idênticas.

As Escrituras são muito claras; não podemos buscar ativamente o louvor dos homens. Jesus disse, Como podeis crer, recebendo honra uns dos outros, e não buscando a honra que vem somente de Deus? (Jo 5.44). E após Jesus ter ensinado o povo, a Bíblia notifica isto diante da resposta deles: *Apesar de tudo, até muitos dos principais creram nele; mas não o confessavam por causa dos fariseus, para não serem expulsos da sinagoga* (Jo 12.42).

Jesus denunciou os líderes religiosos de Sua época porque eles eram guiados pela necessidade de angariar a aprovação dos homens. Então Jesus disse, *Guardai-vos dos escribas, que querem andar com vestes longas e amam as saudações nas praças, as principais cadeiras nas sinagogas e os primeiros lugares nos banquetes* (Lc 20.46). Ele também acrescentou, *Fazem todas as obras a fim de serem vistos pelos homens, pois trazem largos filactérios e estendem as franjas de suas vestes* (Mt 23.5). Estas passagens são particularmente uma ferroada pra mim, por causa do desejo natural da minha carne de ser notada por homens. Para aqueles que anseiam em agradar o nosso Salvador, estas palavras nos colocam em alerta total. Obviamente temos que buscar o louvor de Deus e não dos homens.

Pedro fez duas declarações relacionadas a este assunto:

Pedro e João, porém, lhes disseram: Julgai se é justo, diante de Deus, ouvir antes a vós do que a Deus. (At 4.19)

Pedro e os apóstolos, porém, responderam: Mais importa obedecer a Deus do que aos homens. (At 5.29)

Paulo escreveu, *Porventura, persuado agora homens ou Deus? Ou procuro agradar a homens? Se estivesse ainda agradando aos homens, não seria servo de Cristo.* (Gl 1.10). Paulo também escreveu isto para os cristãos de Tessalônica:

> *...mas, como fomos aprovados por Deus para que o evangelho nos fosse confiado, assim falamos, não para agradar aos homens, mas a Deus, que prova nosso coração. Porque, como bem sabeis, nunca usamos de palavras lisonjeiras, nem de pretexto de avareza. Deus é testemunha. Não buscamos glória dos homens, nem de vós, nem de outros, ainda que pudéssemos, como apóstolos de Cristo, ser pesados a vós;* (1 Ts 2.4-6)

Temos que imitar o exemplo do apóstolo Paulo que não buscava agradar aos homens, mas somente a Deus. Na verdade, Paulo testificou sobre o verdadeiro homem espiritual, dizendo que seu "louvor não vem de homens, mas de Deus (Rm 2.29). O único louvor que ansiamos ouvir é do nosso Senhor no último dia, *Seu senhor disse-lhe: Bem está, servo bom e fiel. Sobre o pouco foste fiel, sobre muito te colocarei; entra no gozo do teu senhor* (Mt 25.23).

Buscar o prazer de Deus é, em si mesmo, uma busca totalmente consumidora, sem o peso adicional de buscar agradar pessoas! Tenho vivido recentemente numa consciência muito aguçada sobre a realidade do fogo que tocará nossas vidas no dia do juízo:

> *Se alguém sobre este fundamento formar um edifício de ouro, prata, pedras preciosas, madeira, feno, palha, a obra de cada um se manifestará; na verdade, o dia a declarará, porque pelo fogo será descoberta; e o fogo provará qual seja a obra de cada um. Se a obra de alguém que edificou sobre ele permanecer, esse receberá galardão. Se a obra de alguém se queimar, este sofrerá dano, mas será salvo, todavia como pelo fogo.* (1Co 3.12-15)

Esta passagem se refere ao fogo que tocará a vida de todos os cristãos no dia do juízo, provando a natureza de nosso trabalho no reino. Esta passagem me diz que os trabalhos pesados de muitos santos irão desaparecer no teste de fogo porque serão revelados como "madeira, feno e palha". A questão é *que tipos de trabalho no reino constituem madeira, feno e palha?* A resposta para esta pergunta é muito complexa, mas uma das respostas, é: *são obras que foram realizadas com a motivação de agradar os homens, e de ganhar a sua atenção e louvor.* Quando o súbito desejo pelo louvor dos homens descolorir nossas motivações, a obra inteira será queimada. Entretanto, este assunto é de vasta relevância para nós que queremos conquistar galardões eternos que irão sobreviver ao teste das chamas do juízo.

De maneira muito prática, vamos ver duas razões do porque não devemos buscar o louvor dos homens.

As Pessoas não são confiáveis

Há duas razões sólidas do porque não devemos ser tocados pelos louvores dos homens. Razão número um: **as pessoas não são confiáveis.**

Aqui estão as pessoas gritando "Hosana!" para Cristo em sua entrada triunfal em Jerusalém, e uma semana depois, estão gritando, "crucifica-o!". Jesus sabia que não podia se dar aos louvores dos homens porque dentro de poucos dias seus louvores se transformariam em acusações.

Se você buscar louvor dos homens, eles te louvarão hoje e amanhã te processarão. O compositor de hinos estava correto, "o braço de carne te decepcionará".

Nem os cristãos são confiáveis. Aprendi algo sobre mim: se você se aproximar o suficiente de mim por um tempo suficiente, eu provavelmente te desapontarei. Porque mesmo que eu seja redimido, continuo sendo humano. Este tipo de desapontamento por outros cristãos é algo que muitos não estão preparados quando vêm para Cristo. Eles são idealistas sobre o que significa ser parte da família de Deus. Mas, como em toda família, há fracassos (nesta vida) entre os membros da família de Deus. Então, esteja preparado: *você certamente sofrerá rejeição no corpo de Cristo.* Aceite o fato que isto será parte de sua vida até que Jesus retorne.

Muitas pessoas têm também sido rejeitadas por mim enquanto eu tenho tentado ministrá-las e pastoreá-las. Em alguns casos, eu as tratei mal; em outros casos, elas estavam programadas mentalmente para sofrerem rejeição até com o mais insignificante lapso da minha língua. Eu nunca quis rejeitá-las, mas devido à fraqueza, fragilidade e limitações tanto minhas como delas, elas receberam minhas tentativas atrapalhadas de amar e servi-las, como rejeição (algumas pessoas vão encontrar rejeição até onde não existe). Houve até momentos em que eu pensei que estivesse tratando alguém com uma atenção especial, para descobrir mais tarde que receberam meus gestos como ainda maior rejeição. O que eu quero dizer é que, **até mesmo líderes cristãos, com seus melhores e mais sinceros esforços, não são confiáveis.**

Um erro comum em conselheiros de hoje é tentar ganhar a confiança de seus aconselhados. Eu já ouvi conselheiros dizendo, "Eu estou estabelecendo um relacionamento com esta pessoa para que ela comece a confiar em mim". A lógica é que algumas pessoas têm sido tão rejeitadas por outras que não conseguem confiar em ninguém, e até que elas consigam confiar em seu conselheiro, não conseguirão receber nada dele. Mas quando os conselheiros tentam fazer com que alguém confie neles, eles estão conduzindo as pessoas ao contrário da direção das Escrituras: *Não confieis em príncipes, nem em filhos de homens, em quem não há salvação. Sai-lhes o espírito, e eles voltam ao pó; naquele mesmo dia, perecem seus pensamentos* (Sl 146.3-4).

("Príncipes" representam líderes de ministério, aqueles que são responsáveis por promover direção espiritual para outros). Aqueles que colocam sua confiança em homem, sempre serão desapontados. Ou o homem irá te decepcionar em tempos de necessidade, ou fará algo que te escandalizará, ou mudará para longe de você, ou até mesmo, nas melhores circunstâncias, (supondo que o homem de Deus seja fiel e verdadeiro durante sua vida inteira), morrerá. Então neste momento, aquele em quem você confiou e dependeu está morto! Eu já ouvi de pessoas que ficaram com raiva em funerais, com raiva da pessoa por ter morrido. E isto porque elas tinham colocado a confiança naquela pessoa, e agora aquela pessoa lhes tinha "abandonado"! Nossa responsabilidade é confiar em apenas um: Deus. Temos que amar uns aos outros, ser fiéis uns aos outros, mas confiar somente em Deus.

Você não pode colocar sua confiança em nenhum ser humano! Todos os seres humanos irão te decepcionar, se lhes for dado o tempo suficiente. Há apenas um que você pode confiar – seu Pai celestial.

Então, quando seu irmão te louvar, não permita que isto balance o teu coração. Aquele que te louva hoje pode muito provavelmente te desapontar amanhã.

As Opiniões das Pessoas são Insignificantes

A segunda razão que não deveríamos ficar entusiasmados com o louvor dos homens é esta: **as opiniões das pessoas são insignificantes.**

O que as outras pessoas pensam de você realmente não importa – de maneira alguma. Quando você se apresentar diante do trono de Deus, a opinião delas será irrelevante. Na verdade, até mesmo a tua opinião sobre a sua vida será irrelevante. *Porque não é aprovado quem a si mesmo se louva, mas, sim, aquele a quem o Senhor louva* (2Co 10.18).

Naquele momento, diante do trono de Deus, haverá somente uma opinião no universo que importará – a de Deus! *De sorte que nada julgueis antes de tempo, até que o Senhor venha, o qual também trará à luz as coisas ocultas das trevas e manifestará os desígnios dos corações. Então cada um receberá de Deus o louvor.* (1Co 4.5)

Temos a tendência de ver algumas pessoas como mais significantes que outras. Por exemplo, temos a tendência de ver líderes cristãos proeminentes como aqueles que carregam maior peso no reino do que outros. Se alguém conhece a Pat Robertson pessoalmente e sabe que a Pat o aprecia como pessoa, ele talvez permita que aquele relacionamento lhe faça sentir-se melhor a respeito de si mesmo. Mas o salmista escreveu, *Certamente que os homens de classe baixa são vaidade, e os homens de ordem elevada são mentira. Pesados juntos na balança, eles são mais leves do que a vaidade* (Sl 62.9)

Então faça a sua lista "quem é quem" com aqueles que você considera ser "homens de alto valor". Você talvez apresente nomes como Billy Graham, Jack Hayford, Max Lucado, Bill Bright, Bill Hybels, Mother Teresa, Chuck Smith, James Dobson, Joyce Meier, ou outros. Ponha todos que você considera de "grande peso espiritual" em balanças espirituais, e o salmista diz o peso composto é "todos são mais leves que o vapor". Em outras palavras, eles não somente não pesam nada, eles pesam menos do que nada. **Como o hélio, que sobe porque é mais leve do que o ar, são as opiniões dos homens – o**

homem mais importante que você possa pensar – é mais leve do que vapor.

Quando alguém lhe fizer um elogio, considere a fonte. Considere que o louvor está vindo de uma fonte mais leve que vapor. Quando alguém diz, "Uau, você está bonito hoje", você está pensando, "Obrigado pelo comentário vaporoso". Do lado de fora você é educado, claro, e responde com um gracioso "muito obrigado". Mas por dentro, você não está recebendo o louvor.

Alguém lhe faz um elogio sincero: "Aquele foi um pensamento maravilhoso que você compartilhou conosco hoje à noite em nossa célula! Eu nunca havia pensado assim antes! Você verdadeiramente tem uma maneira extraordinária de tornar profundas verdades das Escrituras, fáceis de entender".

E você está pensando, "Vapor!"

Os louvores das pessoas não são apenas insignificantes, eles são uma leitura negativa no quadro da significância. Mas quando seu Pai celestial lhe honra, então *há* algo significante!

Nós deveríamos viver apenas para uma coisa: o louvor de Deus. Qualquer outra coisa é insignificante.

A Sensibilidade de Paulo

O desejo do louvor e aprovação dos homens corre muito profundo em nossa carne pecaminosa. Nós podemos crucificar o desejo do louvor dos homens, mas ele permanecerá ressurgindo em nossa carne em todos os tipos e formas criativas e novas.

Paulo era consciente da enganosa armadilha que os jovens caem, pois podem facilmente convencer a si mesmos que suas motivações são totalmente puras em buscar somente o louvor de Deus, quando na verdade, este desejo pelo louvor dos homens ainda é uma questão muito forte dentro deles. Paulo mostrou sua sensibilidade à esta questão na maneira que ele se referiu a um irmão na Segunda Carta aos Coríntios.

Aqui está o contexto da situação que me refiro:

Mas graças a Deus, que pôs a mesma solicitude por vós no coração de Tito, pois ele aceitou a exortação e, muito diligente, partiu voluntariamente para estar convosco. Em companhia dele, enviamos aquele irmão cujo louvor no evangelho está espalhado em todas as igrejas. Não só isto, mas foi também escolhido pelas igrejas para companheiro da nossa viagem, nesta graça que por nós é ministrada para glória do mesmo Senhor e prontidão do vosso ânimo; evitando isto: que alguém nos vitupere por esta abundância, que por nós é ministrada, pois tomamos cuidado com o que é honesto, não só diante do Senhor, mas também diante dos homens. Com eles, enviamos também outro irmão nosso, o qual muitas vezes e em muitas coisas o temos experimentado, provando-se diligente, e agora muito mais diligente ainda pela grande confiança que tem em vós. Quanto a Tito, é meu companheiro e cooperador para convosco; acerca de nossos irmãos, são embaixadores das igrejas e glória de Cristo (2Co 8.16-23).

Paulo está escrevendo sobre dois irmãos – Tito e outro irmão cujo nome não foi mencionado. Tito é mencionado duas vezes por nome e enviado, e outro irmão é deixado sem nome. Por que Paulo não menciona o nome do outro irmão? Porque Paulo sabia o poder do reconhecimento do nome.

Tem algo intoxicante sobre ver seu nome escrito ou ter seu nome conhecido por outros. Eu provei apenas um pouquinho deste vinho, pessoalmente; Paulo também conhecia muito sobre isso. E ele tinha consciência que o irmão que ele estava se referindo não tinha maturidade para lidar com a fama apropriadamente. Então Paulo se recusou a fazer seu nome conhecido. Não há dúvida em minha mente que o irmão sem nome era jovem, novo no ministério, e ainda em treinamento. Tito, por outro lado, era seguro nomear devido à sua evidente maturidade e provada fidelidade.

Nós podemos até pensar que foi uma distração acidental por parte de Paulo até que percebamos que ele repetiu a mesma coisa numa segunda vez na mesma epístola. O versículo seguinte vem depois de quatro capítulos:

Roguei a Tito e enviei com ele um irmão. Porventura, Tito vos explorou? Não andamos, porventura, no mesmo espírito? Não seguimos as mesmas pisadas? (2Co 12.18).

Pela segunda vez, Paulo menciona Tito duas vezes por nome enquanto deixa seu companheiro sem nome.

Por ora, o irmão deveria permanecer sem nome. Isto não apenas o salvaria da sedução da fama, isto também lhe refinaria, através da óbvia recusa de Paulo de mencionar seu nome. Eu posso imaginá-lo pensando, "Ele mencionou Tito duas vezes, mas não mencionou meu nome nem ao menos uma vez, em duas porções na mesma carta! O que Paulo está pensando? Ele acha que eu tenho algum problema? Além do mais, por que isto está me incomodando tanto? Eu não acredito que estou irritado por algo tão banal!" Paulo estava sendo usado pelo Espírito Santo para ajudar o irmão a lidar com um assunto muito importante em sua vida – a mesma coisa que todos nós temos que lidar. O desejo pelo reconhecimento do nome. Este é o louvor dos homens, e isto é inebriante.

A Armadilha do Louvor dos Homens

Magrate Yap me disse uma vez, "A raiz da raiva é o medo da rejeição". Ela estava falando sobre um tipo de raiva explosiva que muitas pessoas batalham contra. A razão que algumas pessoas têm constantes batalhas com raiva explosiva, Magrate disse, é porque elas temem a rejeição. **Aqueles que têm medo da rejeição dos homens têm um profundo anseio pelo louvor dos homens e programam suas almas para mágoas repetidas.** As suas respostas àquela dor são expressas em raiva. É por isso que as Escrituras dizem, *Quem teme o homem arma-lhe ciladas...* (Pv 29.25).

O temor dos homens aprisiona, mas o temor de Deus liberta. Quando nos abrimos para estar preocupados com a opinião dos homens sobre nossa vida, estamos nos tornando vulneráveis para uma armadilha.

Foi isto que aconteceu com Josué e os anciãos de Israel. Josué era o novo líder de Israel, e com o auxílio do Senhor, ele havia conduzido o povo a duas grandes vitórias – sobre as cidades de Canaã de Jericó e Ai. Ambas cidades foram conquistadas e destruídas, e a reputação sobre a proeza das batalhas de Israel estava se espalhando como incêndio ao redor da terra. Então o povo de Gibeão, uma cidade de Canaã, colocou as cabeças para pensar e veio com um plano para livrar seus pescoços. Queriam formular um tratado com Josué, então chegaram até ele com uma roupa, mentindo como se viessem de uma terra distante. Quando Josué perguntou à delegação de Gibeão de onde eles eram, responderam:

E lhe responderam: Teus servos vieram de uma terra mui distante, por causa do nome do SENHOR, teu Deus, porque ouvimos sua fama e tudo quanto fez no Egito; e tudo quanto fez aos dois reis dos amorreus, que estavam dalém do Jordão, Siom, rei de Hesbom, e Ogue, rei de Basã, que estava em Astarote. Pelo que nossos anciãos e todos os moradores da nossa terra nos disseram: Tomai nas mãos provisão para o caminho, ide ao encontro deles e dizei-lhes: Somos vossos servos. Fazei, pois, agora uma aliança conosco. Este nosso pão tomamos quente das nossas casas para nossa provisão no dia em que saímos para vir a vós, e ei-lo aqui agora já seco e bolorento. Estes odres, que enchemos de vinho, eram novos, e ei-los aqui já rotos. Estas nossas vestes e estes nossos calçados já se têm envelhecido, por causa do mui longo percurso. Então aqueles homens tomaram da sua provisão e não pediram conselho ao Senhor. Josué fez uma aliança de paz com eles, prometendo poupar-lhes a vida, e os príncipes da congregação lhes prestaram juramento (Js 9.9-15).

Note que a delegação de Gibeão iniciou seu inteiro jogo com uma ladainha de louvores. A tática deles funcionou porque Josué e os líderes foram tocados pela honra destes homens. Ao ouvirem que a reputação deles tinha chegado por toda parte, os líderes de Israel ficaram lisonjeados e começaram a sentir um falso senso de autossatisfação. Baixaram guarda e foram aprisionados a um tratado com uma cidade de Canaã.

Os líderes judeus do tempo de Jesus também foram aprisionados pelo desejo que tinham pelos louvores dos homens (que é o temor dos homens). Quando Jesus lhes perguntou se o batismo de João era do céu ou de homem, eles não foram capazes de lhe dar uma resposta clara porque *Se, porém, dissermos: Dos homens, é de temer o povo. Porque todos sustentavam que João, verdadeiramente, era profeta* (Mc 11.32). É triste quando líderes espirituais são governados pelo temor de homens. *Quem teme o homem arma-lhe ciladas, mas o que confia no Senhor será posto num alto retiro* (Pv 29.25). **Aquele que você teme é o que você vai procurar agradar.**

Foi o amor ao louvor dos homens que os fariseus tinham, que congelou as suas habilidades de se moverem com Deus. *Apesar de tudo, até muitos dos principais creram nele; mas não o confessavam por causa dos fariseus, para não serem expulsos da sinagoga; porque amavam mais a glória dos homens do que a glória de Deus* (Jo 12.42.43).

Herodes também era preso pelo louvor dos homens. O povo de Tiro e Sidom, ao tentar bajular Herodes, continua a responder à sua oratória com gritos de, É voz de um deus, e não de um homem! (At 12.22.) E porque Herodes "não deu glória para Deus" foi "comido por vermes e morreu". O louvor dos homens te matará de dentro para fora. Bob Mumford colocou desta forma: **"Louvor é comida para Deus e veneno para homem"**.

Billy Graham disse um dia, "Você nunca será tão parecido com o diabo do que quando quer crédito pelo que faz". O louvor dos homens é uma armadilha.

Capítulo 7

Jesus e o Louvor dos Homens

Jesus e a lisonja

Jesus não era movido pelo louvor dos homens. Eu vejo esta verdade na entrada triunfal, quando os discípulos estavam cantando, rodopiando e dançando. Eles estavam presenteando Jesus com calorosos e sinceros louvores. Se algum louvor de homens pudesse um dia, tocar o coração Dele, certamente seriam os louvores destes discípulos adoráveis e inocentes. Mas assim que o culto de louvor começou a atingir seu clímax, Jesus começou a chorar (veja Lc 19.41). Eles estavam louvando, mas Jesus estava chorando.

Isso me diz que Jesus vivia totalmente independente de seus louvores. Se eu fosse Jesus naquela ocasião, minha carne teria sido tocada por aquele louvor. Eu teria me empolgado em cima daquele jumento: "É isso aí! Está certo! Vamos, deixem o louvor fluir! Liberem!"

Mas, ao invés de ser capturado pelos seus elogios, Jesus é impassível. Ele está andando nas batidas de um baterista interno. Seu coração começa a se entristecer sobre a cidade de Jerusalém, exatamente quando eles estavam conduzindo o culto de louvor para um nível ainda maior. E ele começa a chorar com a tristeza do Pai sobre o povo que não O recebia.

Se o seu coração tivesse sido aquecido pelos seus louvores, Ele nunca conseguiria discernir o coração do Pai pela cidade.

Eu gostaria de pontuar mais um incidente que revela como Jesus respondeu aos louvores dos homens. Segue nossa passagem:

Enviaram-lhe alguns dos fariseus e dos herodianos, para que o apanhassem em alguma palavra. Chegando, disseram-lhe: Mestre, sabemos que és verdadeiro e que não te preocupas com o que as pessoas pensam, porque não olhas a aparência dos homens; antes, segundo a verdade, ensinas o caminho de Deus. É lícito pagar tributo a César ou não? Devemos ou não pagar? Então, conhecendo sua hipocrisia, disse-lhes: Por que me tentais? Trazei-me uma moeda, para que a veja. Eles a trouxeram. Ele perguntou-lhes: De quem é esta imagem e inscrição? Responderam: De César. Jesus, então, disse-lhes: Dai, pois, a César o que é de César, e a Deus o que é de Deus. E maravilharam-se dele (Mc 12.13-17).

Estes líderes estavam preparando uma armadilha pra Ele. Pensavam que se eles enchessem Jesus de lisonjas e louvor, Ele seria movido pelos elogios, baixaria sua guarda e cometeria um lapso. Mas como Ele não era tocado pelos seus louvores, Ele conseguia ver a hipocrisia deles.

Quando somos energizados pelos louvores dos homens, perdemos nosso discernimento. Perdemos nossa habilidade de discernir a agenda do Pai, e perdemos a habilidade de discernir as duvidosas motivações dos homens. Como Jesus não ficava emaranhado pelo louvor dos homens, Ele era livre para permanecer sensível ao coração e à agenda do Pai, e podia discernir suas armadilhas sub-reptícias.

Esta mesma armadilha busca enlaçar aqueles que têm recebido maiores níveis de unção do Espírito Santo. Junto com a maior unção vem maior louvor dos homens. Esta síndrome é uma garantia absoluta: quando Deus lhe unge de forma singular acima dos teus companheiros, o povo de Deus expressa a sua gratidão e lhe honra com grande sinceridade e entusiasmo. Eles pensam que estão lhe encorajando, mas na verdade, estão lhe presenteando com um grande teste. Você receberá seus louvores? Você crerá em suas palavras? Você começará a se ver através dos olhos deles? Você crerá em sua própria publicidade?

É muito difícil, quando você é bombardeado constantemente por gratos cristãos que têm sido beneficiados pelo seu ministério, manter sua mente limpa de seus louvores. É precisamente por esta razão que Deus, tão frequentemente segura as maiores unções. A não ser que você tenha sido esmagado na escola do Espírito, não discernirá a natureza traiçoeira desta armadilha.

Sem o esmagamento, as maiores unções lhe causarão uma autodestruição. Você começará a apreciar os louvores – e perderá o seu discernimento. E uma vez que você se prive deste discernimento aguçado, você eventualmente passará por tolo.

A Voz de Afirmação Interior

Jesus avaliou seu ministério, não com base no louvor dos homens, mas baseado no testemunho interior do Espírito Santo. O exemplo de Jesus nos afirma: você não precisa de uma mensagem escrita no céu lhe dizendo o quão maravilhoso você é. Você não precisa de uma visão ou sonho em sua cama afirmando suas ações. Tudo o que você precisa é a voz interior do Espírito.

Numa ocasião, o Pai validou o ministério de Jesus com uma voz de trovão, vinda do céu, e a resposta de Jesus é a mais intrigante:

Agora minha alma está turbada; que direi? Pai, salva-me desta hora? Mas para isto vim a esta hora. Pai, glorifica o teu nome! Então veio uma voz do céu, que dizia: Já o tenho glorificado e outra vez o glorificarei. Ora, a multidão que ali estava, e que a tinha ouvido, dizia que havia sido um trovão. Outros diziam: Um anjo lhe falou. Jesus respondeu: Não veio esta voz por amor de mim, mas por amor de vós (Jo 12.27-30).

Se enquanto eu estivesse pregando, o próprio Deus falasse com voz de trovão, direto do céu na nossa língua para os meus ouvintes, eu posso imaginar como seria a minha resposta. Eu provavelmente seria tentado a pensar: "Ei, vocês não estão entendendo? Deus está me respaldando do céu! Vocês não vêm que eu sou o escolhido de Deus? Vocês não conseguem entender que a aprovação de Deus está sobre meu ministério?" Meu nível de confiança provavelmente quadruplicaria se Deus, do céu, trovejasse Seu aval sobre meu ministério.

Mas, esta não foi de maneira alguma, a forma que Jesus respondeu. Ele disse, "Esta voz não veio por minha causa". Basicamente, Ele estava dizendo, "Esta voz do céu não está acrescentando nada em minha vida. Esta voz não veio para me fazer sentir melhor. Não sou movido nem mesmo por uma voz de trovão do céu. Eu não preciso de uma manifestação sobrenatural para saber que o Pai me respalda". Eu posso imaginar Jesus acrescentando: "Tudo o que eu preciso é daquele testemunho interior do Espírito Santo".

Na fraqueza da minha carne, minha tendência humana é desejar que Deus me endosse de uma maneira espetacular. Mas tais manifestações não devem ser nossa fonte de afirmação. A única afirmação que deveríamos ter é aquela voz interior do Pai, "Você é meu filho amado, em quem me comprazo".

Recebendo Honra de Homens

Jesus estabeleceu sua posição neste assunto com absoluta clareza: *Eu não recebo glória da parte dos homens* (Jo 5.41).

Ele não apenas disse: "Eu não saio por aí buscando a honra de homens". Ele disse algo muito mais forte: "Quando os elogios chegam, eu nem sequer os recebo".

Quando alguém O elogiava por Seus ensinos ou pelos milagres, Jesus respondia dentro de si, "Eu não recebo". A única honra que Ele recebia era a do Pai.

Jesus então continuava a dizer, *Como podeis crer, recebendo honra uns dos outros, e não buscando a honra que vem somente de Deus?* (Jo 5.44). Era como se Jesus estivesse dizendo, "Eu não entendo vocês. Por que vocês se satisfazem com algo tão insignificante como a honra que o homem pode dar, quando há algo muito maior disponível para vocês? A honra de homens é muito insignificante em comparação às riquezas da extravagante honra que o nosso Pai Celestial é capaz de outorgar!"

...olhando para Jesus, autor e consumador da fé, o qual, pela alegria que lhe estava proposta, suportou a cruz, desprezando a afronta, e assentou-se à destra do trono de Deus. (Hb 12.2)

Que alegria foi esta que foi posta diante Dele? Acima de qualquer coisa, eu creio que Jesus estava se referindo à explosiva e superabundante honra que o Pai, profusamente derramaria sobre Ele em glória.

Eu posso imaginar o Pai, em algum momento nas eras passadas, dizendo algo parecido com isto para Seu Filho: "Filho, se você abraçar o sofrimento e morte de cruz, você agradará meu coração sobremaneira, e Eu te honrarei".

E posso imaginar o Filho respondendo, "Oh Pai Santo, há apenas duas coisas para as quais eu vivo – te agradar e receber a tua honra. Eu faria qualquer coisa por isto!"

Jesus entendia o que significava ser honrado pelo Pai, então era para isto que Ele viveu e morreu. E o Pai o honrou? Uau, e como Ele o honrou! *Pelo que também Deus o exaltou soberanamente e lhe deu um nome que é sobre todo nome, para que ao nome de Jesus se dobre todo joelho dos que estão nos céus, na terra e debaixo da terra, e toda a língua confesse que Jesus Cristo é o Senhor, para a glória de Deus Pai.* (Fp 2.9-11)

Espere, prezado amigo, pela maior honra! Não receba a substituição barata do louvor de homens, quando você pode lutar pelo maior louvor – a honra do próprio Deus.

Capítulo 8

Como Daniel Lidou com o Louvor de Homens

Daniel é um homem que obteve vitória em sua alma nesta área de receber o louvor dos homens. Seu exemplo é inspirador e instrutivo. Ele exemplifica para nós o que quer dizer buscar a honra de Deus mesmo quando homens derramam suas honras sobre nós.

Mui Amado

Duas vezes Daniel ouviu de um mensageiro celestial que ele é "mui amado" por Deus:

Ele me disse: Daniel, homem mui amado, atenta para as palavras que falarei a ti e levanta-te, porque fui enviado a ti. E, falando ele esta palavra, me pus em pé, tremendo. (Dn 10.11)

Ele disse: Não temas, homem mui amado! Paz seja contigo! Esforça-te e tem bom ânimo. E, falando ele comigo, esforcei-me e disse: Fala, meu senhor, porque me confortaste. (Dn 10.19)

Este mensageiro celestial está enfatizando para Daniel, "Daniel, Deus realmente tem algo especial com você. De todos os homens na Terra, você é o recipiente de uma singular e mui profunda afeição. Deus tem um amor tão especial por você que Ele me enviou para te dar uma visão e uma revelação particularmente excepcionais". E dito e feito, Daniel recebeu visões celestiais tão tremendas que ele não conseguia nem ficar em pé. A grandeza do que ele viu, é apenas excedida nas Escrituras pela revelação de Jesus Cristo que foi dada ao apóstolo João (em Apocalipse).

Então, pergunto a mim mesmo, "O que Daniel fez para atingir este tipo de afeição de Deus? Por que Deus o amou tanto?" Quando eu observei o fato cuidadosamente, eu cheguei a uma convicção pessoal que foi porque Daniel viveu apenas para a honra de Deus e era totalmente indiferente à honra que os homens davam.

A história que revela esta qualidade em Daniel está escrita no quinto capítulo de seu livro:

Daniel 5

1 O rei Belsazar deu um grande banquete a mil de seus grandes e bebeu vinho na presença dos mil. 2 Havendo Belsazar provado o vinho, mandou trazer os vasos de ouro e de prata que Nabucodonosor, seu pai, tinha tirado do templo que estava em Jerusalém, para que bebessem neles o rei, seus grandes, suas mulheres e suas concubinas. 3 Então trouxeram os vasos de ouro, que foram tirados do templo da casa de Deus, que estava em Jerusalém, e beberam neles o rei, seus grandes, suas mulheres e suas concubinas. 4 Beberam o vinho e deram louvores aos deuses de ouro, de prata, de cobre, de ferro, de madeira e de pedra. 5 Na mesma hora, apareceram uns dedos de mão de homem que escreviam defronte do castiçal, na caiadura da parede do palácio real. O rei via a parte da mão que estava escrevendo. 6 Então o semblante do rei mudou, e seus pensamentos o turbaram; as juntas dos seus lombos se relaxaram, e seus joelhos bateram um no outro. 7 O rei ordenou com ímpeto que se introduzissem os astrólogos, os caldeus e os adivinhos; e o rei disse aos sábios da Babilônia: Qualquer que ler esta escritura e me der a sua interpretação será vestido de púrpura, trará uma cadeia de ouro no pescoço e será, no reino, o terceiro em autoridade. 8 Então entraram todos os sábios do rei; mas não puderam ler a escritura, nem dar ao rei a sua interpretação. 9 O rei Belsazar ficou muito perturbado, e seu semblante mudou; e seus grandes estavam sobressaltados. 10 A rainha, por causa das palavras do rei e dos seus grandes, entrou na casa do banquete. A rainha disse: Ó rei, vive para sempre! Não te turbem teus pensamentos, nem se mude teu semblante. 11 Há um homem no teu reino, no qual há o espírito dos deuses santos; nos dias de teu pai, se achou nele luz, inteligência e sabedoria, como a sabedoria dos deuses. Teu pai, o rei Nabucodonosor, sim, teu pai, ó rei, o constituiu chefe dos magos, dos astrólogos, dos caldeus e dos adivinhos; 12 porque se achou neste Daniel um espírito excelente, ciência e entendimento, interpretando sonhos, explicando enigmas e solvendo dúvidas, ao qual o rei pôs o nome de Beltessazar. Chame--se, pois, agora Daniel, e ele dará a interpretação. 13 Então Daniel foi introduzido à presença do rei. O rei disse a Daniel: És tu aquele Daniel, dos cativos de Judá, que o rei, meu pai, trouxe de Judá? 14 Tenho ouvido dizer a teu respeito que o espírito dos deuses está em ti, bem como a luz, o entendimento e a excelente sabedoria. 15 Acabam de ser introduzidos à minha presença os sábios e os astrólogos, para lerem esta escritura e me dar sua interpretação; mas não puderam dar a interpretação destas palavras. 16 Eu, porém, tenho ouvido dizer de ti que podes dar interpretações e solver dúvidas. Agora, se puderes ler esta escritura e fazer-me saber a sua interpretação, serás vestido de púrpura, terás uma cadeia de ouro no pescoço e, no reino, serás o terceiro em autoridade. 17 Então Daniel respondeu na presença do rei: Conserva contigo teus presentes e dá teus prêmios a outrem; contudo, lerei para o rei a escritura e darei a sua interpretação. 18 Ó rei! Deus, o Altíssimo, deu a Nabucodonosor, teu pai, o reino, a grandeza, a glória e a magnificência. 19 Por causa da grandeza que lhe deu, todos os povos, nações e línguas tremiam e temiam diante dele; a quem queria, matava; a quem queria, deixava viver; a quem queria, engrandecia; e a quem queria, abatia. 20 Mas, quando seu coração se exaltou e seu espírito se endureceu em soberba, foi derribado do seu trono real, e passou dele a sua glória. 21 Foi tirado dentre os filhos dos homens, seu coração foi feito semelhante ao dos animais, e sua morada foi com os jumentos monteses; fizeram-no comer ervas como os bois, e seu corpo foi molhado pelo orvalho do céu, até que ele conheceu que Deus, o Altíssimo, domina sobre o reino dos homens e constitui a quem quer sobre ele. 22 Tu, seu

filho Belsazar, não humilhaste o teu coração, ainda que soubeste tudo isto; 23 antes, te levantaste contra o Senhor do céu, pois trouxeram os vasos da casa dele perante ti, e tu, teus grandes, tuas mulheres e tuas concubinas bebestes vinho neles. Além disto, rendeste louvores aos deuses de prata, de ouro, de cobre, de ferro, de madeira e de pedra, que não veem, nem ouvem, nem sabem; mas a Deus, em cuja mão está tua vida e todos os teus caminhos, não glorificaste. 24 Então dele foi enviada aquela parte da mão que traçou esta escritura. 25 Esta, pois, é a frase que se escreveu: MENE, MENE, TEQUEL e PARSIM.
26 Esta é a interpretação: MENE: Contou Deus o teu reino e deu fim a ele. 27 TEQUEL: Pesado foste na balança, e achado em falta.
28 PARSIM: Dividido foi teu reino e entregue aos medos e persas.
29 Então mandou Belsazar que vestissem Daniel de púrpura e que lhe pusessem uma cadeia de ouro no pescoço e proclamassem a respeito dele que seria o terceiro em autoridade no reino. 30 Na mesma noite, Belsazar, rei dos babilônios, foi morto, 31 e Dario, o medo, se apoderou do reino, tendo cerca de sessenta e dois anos de idade.

A Escrita na Parede

Esta passagem descreve uma festa de gala na Babilônia. Enquanto o vinho está fluindo, a mesa está farta e as festividades a todo vapor, de repente uma mão aparece do nada e escreve algo misterioso na parede. Ninguém no reino de Belsazar é capaz de ler e interpretar a escrita.

Então a Rainha, mãe, entra no salão de festa para falar com seu filho. Ela se lembra de como Daniel havia interpretado os sonhos de seu falecido esposo, o rei Nabucodonosor. Então, ela diz ao rei, "Você precisa encontrar Daniel. Ele poderá ler e interpretar a escrita".

Belsazar imediatamente busca Daniel. Agora, Daniel não pode mais ser encontrado em sua antiga residência. Num momento, ele havia servido à direita de Nabucodonosor e por isso havia morado perto do palácio do rei. Mas quando Belsazar se tornou rei, ele despediu os membros do gabinete que serviram seu pai e nomeou seu próprio gabinete. Daniel foi posto para fora de seu prestigiado lugar de responsabilidade e influência à direita do rei. Daniel 8:27 indica que Daniel ainda trabalhava para o rei Belsazar, mas numa posição muito mais servil e insignificante. Daniel havia sido rebaixado, então eles vasculharam para ver onde ele estava morando e o encontraram.

Lisonja e Louvor

Quando eles trazem Daniel diante de Belsazar, a primeira coisa que Belsazar faz é lisonjeá-lo. Por duas vezes ele diz para Daniel, "Eu tenho ouvido a teu respeito" (versículos 14 e 16). Para um homem que havia sido rebaixado a um trabalho servil numa esquina qualquer, estas palavras de louvor devem ter feito o ego de Daniel saltar. Imagine o presidente dos Estados Unidos te chamando em seu Salão Oval e dizendo para você, "Eu tenho ouvido a teu respeito". Isso seria impressionante! Aqui está Belsazar, o homem mais poderoso do mundo, reconhecendo que a reputação de Daniel chegou diante dele. "Você é o assunto na corte do rei". Isto é de fato, muita lisonja.

Então Belsazar oferece restabelecer Daniel em sua antiga posição, desde que ele fosse capaz de ler e interpretar a escrita na parede. Tenha em mente que Daniel havia sido enviado ao pasto. Ele é descartado como um nada. Ele é um semi-aposentado, alguém esquecido por todos. E, de repente ele se depara com uma oportunidade de recuperar honra, prestígio, poder, posição e riqueza. Todos os outros membros da corte estão babando pela oferta que acabara de ser estendida a ele. O que Daniel dirá?

A resposta de Daniel é a mais incrível. A lisonja não infla o seu ego. A honra do rei não o seduz. A possibilidade de um avanço de prestígio não faz o seu coração acelerar. Ao contrário disso, ele responde ao rei, *Conserva contigo teus presentes e dá teus prêmios a outrem; contudo, lerei para o rei a escritura e darei a sua interpretação* (v. 17). Eu quero que você veja que Daniel ficou completamente impassível aos elogios e honra do rei. Longe de estar atormentado, ele era completamente desinteressado na honra que aquele poderoso monarca poderia lhe conceder.

Vivendo para a Honra de Deus

Se pudéssemos perguntar para Daniel por que a honra do rei significava tão pouco para ele, penso que ele nos falaria algo parecido com isto: "Porque há apenas uma coisa pela qual eu vivo – a honra que Deus pode conceder".

Daniel era um homem que desprezava a honra que os homens poderiam dar porque ele valorizava a honra que Deus podia dar. E esta, eu creio, é uma razão pela qual Deus o amava tanto. Deus dizia, "Uau – isso é incrível! Eu tenho um homem que valoriza tanto a Minha honra que repudia as mais altas honras dos homens. Eu amo este homem! Aqui está um vaso que Eu posso usar".

Eu acredito totalmente que o motivo que a mão apareceu e escreveu na parede, em primeiro lugar, foi porque Deus tinha um Daniel. Se Daniel não existisse, não haveria nada escrito na parede. Deus tinha um homem que estimava a honra de Deus acima da honra de homens, e, portanto, Ele pôde agir de uma forma intrigante para falar com o rei de Babilônia.

Quando Deus tem um homem (como Daniel) que não é tocado pelo louvor de homens, Ele pode acelerar Seus propósitos na Terra. Estes tipos de servos consagrados se tornam vasos perigosos que Deus pode usar de maneiras únicas e profundas para realizar Suas estratégias dos últimos tempos.

Capítulo 9

As Implicações Cruciais da Vitória

As questões em pauta neste assunto são absolutamente cruciais em sua importância. Se chegarmos a um acordo com o louvor de homens, seremos guiados ao caminho da verdadeira frutificação no Reino. Se nos perdermos nisto, corremos o risco de nos tornarmos vítimas na guerra que se enfurece contra nós. Neste capítulo, quero falar o quão importante é que avancemos para a vitória sobre os destrutivos tentáculos do louvor de homens.

A Liberação da Autoridade do Reino

A primeira questão em pauta é esta: Deus encontrará vasos dignos, aos quais Ele possa confiar dimensões mais altas de autoridade do reino, que serão necessárias para consumar o ajuntamento final e preparar a noiva para a volta do Noivo?

Há um grande clamor na igreja hoje, "Senhor, envia o Teu poder! Aviva as Tuas obras; faça-as conhecidas em nossa geração. Senhor, usa-nos com manifestações de poder do Teu Espírito!"

Esta é uma oração nobre que Deus anseia em responder, mas Ele pode encontrar vasos, que serão canais seguros deste tipo de poder?

Aqui está o problema. Quando Deus confia dimensões mais altas de autoridade do reino para Seus escolhidos, o povo de Deus os bajula como se eles fossem estrelas. Este tipo de louvor pode facilmente intoxicar os servos de Deus, fazendo com que eles violem sua mordomia dos dons de poder sem sequer perceber.

Esta foi uma das ramificações da declaração de Jesus, *Como podeis crer, recebendo honra uns dos outros, e não buscando a honra que vem somente de Deus?* (Jo 5.44). Jesus estava dizendo,

Como vocês podem crer – ou seja, como que eu posso lhes dar uma grande fé de operar milagres para crer em manifestações de poder – uma vez que vocês ficam tão facilmente empolgados com a honra dos homens?" Jesus estava dizendo que Ele não podia dar este tipo de fé para aqueles que se alimentam de louvor de homens. Não há nada mais prejudicial no reino do que alguém que tem um pouquinho de poder fluindo de sua vida, mas que é tocado pelos louvores de homens. Porque quando Deus começa a usar você apenas um pouquinho, para curar o enfermo ou ressuscitar o morto, as pessoas irão derramar toda a atenção em você. *Embora na sua vida ele se considere feliz e os homens o louvem quando faz o bem a si mesmo* (Sl 49.18). Elas farão um alvoroço, empurrarão, bajularão, e lhe seguirão. Eles lhe entrevistarão nas estações de rádio e TV, colocarão sua foto em sua revista, elas farão você se sentir incrivelmente importante. Este tipo de atenção é uma companhia garantida de ministros de poder, e quando você começar a gostar da atenção, você estará a caminho de águas turbulentas.

Se a atenção bajuladora de homens conseguir encontrar um lugar em sua alma, você se auto destruirá. Então Jesus diz, "Eu te amo muito pra lhe dar aquele tipo de fé e poder". Então Ele faz uma grande poda em nossos corações, para cortar e remover aquele desejo de louvor de homens.

Os milagres de Jesus foram a maneira que o Pai o honrou. Foi isto o que Jesus estava pontuando quando Ele disse, *Se eu glorifico a mim mesmo, minha glória não é nada; quem me glorifica é meu Pai, do qual dizeis ser vosso Deus* (Jo 8.54). Aqui está a razão pela qual o Pai honrou Cristo com aquele fluir de unção de milagre: porque a única paixão de Jesus era glorificar o Pai. A paixão de Jesus não era que Ele parecesse bom, mas sim o Pai.

Mike Bickle disse que Deus não está interessado em fazer homens, ministérios ou igrejas famosas. Ele está comprometido em espalhar a fama de Seu Filho nas nações. Amém! Eu creio que Deus está reservando o maior poder – a mais poderosa liberação do Seu Espírito – para o tempo que a igreja buscar a proclamação das riquezas da maravilhosa personalidade de Cristo (Ef 3:8). **Ele irá ungir e dar poder para os crentes que buscarem ganhar os corações das pessoas para o Seu Filho e não para si mesmos.** As maiores dimensões de fé serão dadas para aqueles que não são tocados pelo louvor de homens. Eles farão grandes obras porque sua única paixão será aumentar a reputação do lindo Filho de Deus.

A Letra I

Se nós não lidarmos com este negócio de louvor de homens, sucumbiremos na maior de todas as ofensas. Deixe-me explicar.

Jesus quer ser tudo para nós. Ele quer ser nossa comida, nossa bebida, nosso sustento, nossa vida. Ele não quer que tenhamos nenhum outro deus diante Dele. Ele não nos quer recebendo vida de nada além Dele. Ser energizado pela honra de homens é encontrar satisfação em algo que Jesus despreza.

Conforme eu meditava nisto, aqui está o que eu vi: **Buscar a glória de homens é idolatria.**

Idolatria é uma palavra forte, mas que outra palavra pode ser usada para isto? Quando eu estou me alimentando de algo que não seja Cristo, não tenho outra definição para isto, a não ser idolatria. Jesus disse, *Jesus disse-lhes: Minha comida é fazer a vontade daquele que me enviou e realizar sua obra* (Jo 4.34). Fazer a vontade do Pai era a fonte de nutrição e prazer de Jesus. Deus quer ser meu único sustento. Ao me alimentar de louvor de homens, estou encontrando minha fonte em algo além de Jesus. Encontrar minha fonte de vida em algo além de Jesus é idolatria.

Estou lidando agora com o que pode possivelmente ser a maior fortaleza de idolatria na vida dos crentes em todas as partes – ser nutrido pela aprovação e honra de homens. Não foi sem razão que o apóstolo João apelou aos crentes de sua época, concluindo sua primeira epístola com estas palavras, *Filhinhos, guardai-vos dos ídolos. Amém!* (1Jo 5.21)

Oh, Senhor, esta forma de idolatria nunca foi a desejada intenção de nossos corações! Nunca pretendemos fazer do louvor de homens, algo que nos nutrisse de uma maneira idólatra. Nós nos arrependemos, Senhor! Perdoa-nos e nos dá poder para nos alimentar somente da honra que vem por fazer a vontade do único Deus.

A Precisão do Ministério

Novamente, as implicações de lidarmos corretamente com esta área são cruciais para os propósitos do reino de Deus. Deixe-me ir para outra ramificação do nosso assunto – a questão da eficácia do ministério.

O versículo que mais me confronta, em relação à minha guerra contra os desejos da minha carne pelo louvor de homens, é *Quem fala de si mesmo busca sua própria glória, mas o que busca a glória daquele que o enviou, esse é verdadeiro, e não há nele injustiça* (Jo 7.18). Eu tenho sido muito persuadido por esta Escritura pois Jesus está dizendo que todas as vezes que eu falo algo que se origina em meu coração, estou buscando a minha própria glória. Sempre que eu prego um sermão que não tem seu ímpeto do coração do Pai, estou falando pelos meus próprios recursos e, assim, estou buscando parecer bom diante das pessoas. Estou inconscientemente tateando pelo louvor delas.

Em contra partida, Jesus continua dizendo que aquele que pregar a mensagem que Deus tem soberanamente dado para Ele pregar, não está tentando parecer-se bom diante das pessoas. Sua única preocupação é estar bem diante dos olhos de Deus, então sua paixão é entregar a mensagem de Deus o mais fielmente possível.

Jesus disse que este "é verdadeiro". A palavra "verdadeiro" é um termo arqueiro. Aquele que só prega o que Deus o enviou para pregar é como uma flecha: ele na verdade, atinge o alvo. Esta é a nossa paixão no ministério, atingir o alvo, o centro. Mas com frequência nos vemos atingindo um lugar próximo. Nós não estamos longe, mas também não estamos atingindo o alvo. A razão é que há algo nas brechas da nossa carne que quer que nossos ouvintes fiquem impressionados conosco. Como resultado, nosso ministério não causa o impacto do seu potencial.

"Mas o que busca a glória Daquele que O enviou é verdadeiro". Somente aquele que busca glorificar a Deus (realmente e verdadeiramente) é capaz de ser "verdadeiro" para o alvo. **Quando carregamos até mesmo o menor desejo de impressionar os que estão ao nosso redor, as flechas que lançamos no ministério podem começar corretas, mas depois, em trânsito elas se desviam do alvo.** Isto é porque elas não são lançadas de um coração "verdadeiro" – de uma motivação que não busca nada além de honrar o Filho de Deus.

Eu fico maravilhado com o que Jesus diz sobre aquele que busca a glória Daquele que O enviou. Ele disse que "não há Nele injustiça". Que declaração incrível! Em outras palavras, *se eu conseguir chegar ao lugar em que a única motivação que encha meu coração é a de trazer honra e glória para Deus, então terei chegado no lugar da santidade.*

Em outras palavras, Jesus está dizendo, **"Esta é a última fronteira**. Este é o último e grande campo de batalha para trazer sua alma à sujeição. Se você conseguir conquistar com êxito este desejo do seu coração pelo louvor de homens, você terá alcançado a perfeição cristã".

Se ao menos conseguíssemos chegar ao lugar onde não há desejo, qualquer que seja dentro de nós de parecer bom diante dos homens, mas um desejo ardente e único de ver Deus glorificado! Quando nós crucificamos este desejo de encontrar glória diante dos homens, estaremos lidando com a raiz da questão de estar morto para o eu e vivo para Deus. Uma vez que tivermos aperfeiçoado esta realização, verdadeiramente teremos entrado na graça da perfeição cristã. Por isso, arranquemos pela raiz.

Oh, Senhor, seria esta talvez a razão que tenho sentido que meu ministério nunca atingiu seu potencial de impacto? Eu me arrependo, Senhor, de querer impressionar as pessoas com meus dons ministeriais. Que a única coisa que motive meu coração seja uma paixão de apresentar a Tua mensagem de maneira verdadeira e fiel para o Teu povo, independentemente da impressão deles a meu respeito como vaso. Eu clamo por Tua graça. Ajuda-me, Senhor!

Livre de todos os homens

Neste capítulo tenho dado razões do porque é imperativo que lidemos, agressiva e conclusivamente com a maneira que nossos corações querem se sentir "acalentados" pelos louvores de homens. Minha última palavra é que a única maneira de entrarmos totalmente na liberdade pela qual Cristo morreu para nos dar, é que não nos coloquemos mais debaixo de nenhum jugo de servidão (Gl 5.1).

As Escrituras apontam que quando um homem tem algo a perder, ele anda coagido a proteger o que ele possui (veja Pv

13.8). Quando você é rico, você é susceptível a chantagem. Porém, você não pode chantagear um pobre porque ele não tem nada a perder.

Aqueles que não têm reputação não têm nada a perder. Aqueles que têm uma boa reputação buscarão protegê-la. Aqueles que buscam cultivar uma boa reputação se tornam vulneráveis ao louvor de homens. Jesus era livre do louvor de homens porque Ele se tornou sem reputação (Fp 2.7). Ele não tinha nada a perder.

Quando eu não tenho nada a perder, sou livre. Não posso ser comprado, chantageado, nem coagido. Não tenho reputação para manter, então sou livre do louvor de homens.

Quando eu estou em Cristo, eu já tenho tudo o que preciso, então não preciso de nada. Eu não preciso mais da honra das pessoas. Eu já tenho tudo, então não tenho nada a ganhar. Jesus não tinha reputação, então não tinha nada a perder – e tudo o que o Pai tinha era Dele, então Ele não tinha nada a ganhar. Com nada a perder nem ganhar, Ele era livre de todos os homens. Da mesma maneira, eu não tenho nada a perder nem a ganhar, então posso ser totalmente livre da armadilha do louvor de homens.

Quando eu não mais recebo o louvor dos homens, torno-me livre de todos os homens. Isto quer dizer que, eu me torno livre para amar todos os homens igualmente e incondicionalmente. Posso amar todas as pessoas independentemente de suas atitudes ou ações ao meu respeito.

Quando o teu louvor não me toca e a tua rejeição não me fere, eu sou um agente livre. Sou capaz de me relacionar com você em total liberdade, pois nada do que você faça pode controlar quem eu sou nem como eu me relaciono com você.

Jesus manifestou esta liberdade em amar as pessoas. Ele sabia que Seus discípulos iriam abandoná-lo no momento de

Sua prisão, e Ele até profetizou que eles seriam por isso, espalhados. Mas mesmo assim, João testificou isso sobre Jesus logo antes de Sua prisão, *Ora, antes da festa da páscoa, sabendo Jesus que já era chegada sua hora de passar deste mundo para o Pai, como havia amado os seus, que estavam no mundo, amou-os até o fim* (Jo 13.1). Em outras palavras, sabendo que eles O rejeitariam, Jesus ainda mostrou-lhes a plenitude do Seu amor até o fim.

Esta é a liberdade que eu estou me esforçando para ter. Você me aceita e me honra? Eu te amo sem lhe mostrar nenhum favoritismo.

Você me rejeita? Eu te amo de qualquer maneira. Eu te amo, se fosse possível, com o mesmo amor com que Cristo te ama. Você pode pôr pregos em minhas mãos ou me pendurar numa cruz, mas meu amor por você não muda.

Esta é a liberdade que Jesus morreu para nos dar.

Capítulo 10

O Compromisso de Deus em nos Ajudar a Vencer

Então, como alcançarmos a vitória sobre o magnetismo enganoso do louvor de homens? Antes de abordar esta pergunta, quero enfatizar que eu, pessoalmente não vivo em plenitude desta vitória, então eu não estou escrevendo isto como um especialista que tenha vencido esta fera. Na verdade, pelo contrário, estou sofrendo mais hoje do que nunca com minha própria carnalidade nesta área.

Verdadeiramente, minha carne ainda anseia por afirmação. Minha carne é muito mais interessada nas opiniões das pessoas que eu vejo do que na opinião Daquele que eu não vejo.

Nós, pastores e mestres, temos nossas "maneiras criativas" de pescar elogios. Após os cultos aos domingos, eu encontrava uma forma sábia de obter a opinião da minha esposa sobre o meu sermão, esperando, claro, que ela o declarasse como a mensagem mais profunda que ela já havia me ouvido proferir. Então, eu perguntava algo assim, "Como foi o pregador de hoje, meu amor?"

Mas o Senhor me confrontou: "Você está em busca do louvor de sua esposa ao invés do Meu". Então eu me arrependi rapidamente! E comecei a orar, "Senhor, qual a Sua opinião sobre o pregador de hoje?"

Descobri que é possível impressionar pessoas com meu ministério, mas não ter o pleno prazer de Deus. Só porque eu tenho o louvor dos homens não significa que eu tenha o louvor de Deus.

Eu notei que Jesus tinha o hábito de orar *após* Seus sucessos ministeriais. Por exemplo, após alimentar os cinco mil, Ele imediatamente partiu para o monte orar. Este foi o meu costume por muitos anos, investir toda a minha energia em oração *antes* de ministrar e, depois da ministração "hibernar" (relaxar). Mas Jesus entregava à oração no "tempo de inatividade" natural que vem após o esforço ministerial. Isto não apenas o guardava da tentação, mas também era a Sua oportunidade de ser renovado na afirmação do Seu Pai. Esta era a hora que o Pai dizia pra Ele, "Bom trabalho, Meu Filho!"

Isto é uma Peregrinação

Viver num lugar onde somos totalmente livres do louvor e da rejeição dos homens é difícil de atingir, e ainda mais difícil, de se manter. Se a minha própria experiência nesta batalha é indicativa de um padrão, então parece que nunca atingimos completa vitória contra o fantasma de ser tocado pelo louvor dos homens. Temos a tendência de entrar e sair da vitória da liberdade como um tipo de peregrinação.

Eu escrevi algo no meu diário uma vez, que me convence cada vez que eu leio. Eu não vivo na perfeição desta declaração, mas é algo para o qual eu estou constantemente me esforçando. Eu escrevi assim: "Não importa onde eu esteja, em que nação eu esteja, em qual evento eu esteja, em que igreja eu esteja, ou quantas pessoas estiverem lá – eu prego para uma audiência de Um".

A declaração de Paulo em 2 Coríntios 4:5 é muito importante para mim: *Pois não nos pregamos a nós mesmos, mas a Cristo Jesus, o Senhor; e nós mesmos somos vossos servos por amor de Jesus.* O Senhor tem me mostrado o quão fácil é para eu pregar de mim mesmo. Ah, não me entenda mal. Eu estou pregando o Evangelho! Mas estou fazendo isto de uma maneira que impressione as pessoas. É possível para as pessoas saírem do meu sermão, falando do Bob Sorge. É possível que a atenção delas se torne mais focada no vaso do que na mensagem.

Os pregadores de hoje são provavelmente mais equipados do que qualquer outro tempo na história. Somos escolados em comunicações e em falar em público, em habilidades de oratória, e na arte de pregar.

Nossas apresentações verbais são basicamente obras-primas, obras de arte em si mesmas. Elas se tornam tão impressionantes que os ouvintes saem falando mais sobre o pregador do que sobre Jesus!

Quando isto acontece, eu não estou mais pregando Cristo, estou pregando de mim mesmo. **O verdadeiro servo de Cristo vai vigiar o floreio e o estilo com os quais ele prega o evangelho, para que os ouvintes não fiquem mais impressionados com o pregador do que com o próprio Cristo.**

O mesmo princípio também se aplica aos líderes de louvor. Os grupos de louvor de hoje são, sem dúvida, os mais sofisticados de toda a história em termos de musicalidade, prontidão de equipamento e perspicácia profissional. É possível que os adoradores saiam de nossos cultos mais impressionados com a nossa musicalidade e exímia liderança do que com a face de Cristo. Deus nos ajude para que não proclamemos a nós mesmos!

Você Pode Ver?

Nós nos convencemos, "Qual o problema? Eu não sei por que Bob está fazendo tanto drama sobre este assunto neste livro. Esta não é uma área problemática pra mim. Eu não tenho dificuldades com louvores das pessoas".

Nós estamos lidando com uma parte do nosso ser que não entendemos completamente. Jeremias 17:9 diz que não conhecemos a enganosa perversidade de nossos próprios corações. Nossas motivações estão corrompidas em maneiras que nós nem sequer sabemos ainda. Somente Deus vê a duplicidade de nossas motivações. Nós clamamos, "Deus, estou fazendo isto somente para a Tua glória!"

Deus diz, "ah, sério?"

Você não pode se arrepender de algo que não vê. Mas Deus é comprometido em nos ajudar a ver as motivações escondidas de nossos corações. Então Ele diz, "Eu sei que você não consegue ver, então, deixe-me te ajudar". E Ele aumenta o fogo! De repente, questões começam a vir para a superfície que nós nem sequer sabíamos que existiam nas profundezas do nosso coração. Somente depois que o calor aumenta que vemos o quanto temos sido sustentados pelo louvor dos homens.

Qualquer que seja o extremo que estamos dispostos a admitir, há algo em todos nós que aprecia a atenção e louvores das pessoas. Nós gostamos quando a noiva de Cristo nos nota! Mas Jesus não entrega Sua noiva a servos que desejam as afeições da noiva.

Para ilustrar meu ponto de vista, eu quero ir ao livro de Ester e olhar para um homem chamado Hegai. Hegai representa você e eu – aqueles de nós que desejamos ser líderes servos que Deus pode usar para o avanço dos propósitos do Seu reino.

Hegai

O livro de Ester nos conta a história de como o Rei Assuero buscou uma noiva. Muitas jovens virgens ao redor da Terra haviam sido trazidas ao palácio e estavam sendo preparadas para encontrar o Rei. A mulher de sua escolha se tornaria a Rainha. Ester (uma serva judia) estava entre aquelas escolhidas como uma possível candidata, e ela se submeteu a muitos meses de tratamento de beleza em preparação para a sua apresentação ao Rei. Ester acabou se tornando a noiva escolhida, e a história de como isto aconteceu é muito intrigante. Leia o livro de Ester.

Hegai era um eunuco na corte do Rei Assuero, e seu trabalho era supervisionar todas as mulheres na casa do Rei. Quando chegou o momento de encontrar uma noiva para o Rei, Hegai era o homem no comando. Assim, Ester veio diretamente sob os cuidados de Hegai enquanto estava sendo preparada para se apresentar diante do Rei.

Agora vamos ao versículo que estou destacando: *o que, segundo a lei, se devia fazer da rainha Vasti, por não haver obedecido à ordem do rei Assuero, por intermédio dos eunucos* (Et 2.15).

Nos tempos antigos, os reis se cercavam com muitos eunucos. Na verdade, havia certas responsabilidades com as quais somente os eunucos eram confiados. Fiel ao costume, o Rei Assuero da Pérsia tinha muitos eunucos a seu serviço, mas o eunuco mais importante era um homem chamado Hegai.

O Rei Assuero colocou um eunuco como guarda sobre Ester para uma razão muito específica: ele era uma companhia confiável para a noiva. Como um eunuco, Hegai não teria desejos pessoais pela Ester a quem ele servia.

Imagine a proximidade com a qual Hegai servia Ester. Ele a ajudava se vestir, ele borrifava perfume nela, e ele tocava nela. Ele a preparou num estilo muito íntimo sem nunca desejá-la para si mesmo. Tudo o que Hegai queria era que Ester fosse atraente para o Rei. Hegai era um amigo fiel do Noivo, que buscava apenas guardar as afeições da Ester para o Rei e apresentá-la completamente pronta para o dia do casamento.

Eunucos Espirituais

Conforme eu meditei no exemplo de Hegai, o Senhor me deu esta palavra, "Eu estou levantando eunucos espirituais nesta hora". Eu percebi que esta palavra era igualmente pertinente a homens e mulheres no corpo de Cristo. **Eu entendi que o Senhor estava dizendo que Ele estava preparando líderes que seriam companhias confiáveis para a noiva de Cristo – líderes que não desejariam as afeições, o louvor e nem a atenção da noiva.**

Como que os líderes do Senhor teriam este desejo pelo louvor de homens arrancado de suas vidas? Eu percebi que seria através da cirurgia de poda profunda. A medida que o bisturi do Senhor começasse a cortar, líderes começariam a ver questões em seus corações que nunca tinham visto antes. Eles seriam repentinamente deparados com as verdadeiras motivações dos seus corações.

A faca do Senhor está chegando nas vidas de Seus líderes, e Ele está removendo deles o mecanismo que deseja o reconhecimento de homens. Devido à intensidade do corte que está ocorrendo em seus corações e à natureza excruciante da dor, estes líderes se tornarão qualificados para preparar a noiva para a volta de Cristo. Esta faca cortará de dentro do ser deles, tudo aquilo que remotamente deseje o louvor de homens.

Ao invés de desejar afirmação humana e reconhecimento, estes líderes sairão da poda desejando somente fazer a vontade do Senhor. O Rei os encontrará dignos da mais alta confiança – alimentar, nutrir e preparar a noiva para o dia do seu casamento.

O Amigo do Noivo

Hegai era um amigo verdadeiro do Noivo. Ele fielmente preparou a noiva para o dia do seu casamento, sem de forma alguma, tentar desviar suas atenções ou afeições para si mesmo. João Batista chamou-se a si mesmo de amigo do Noivo ao dizer, *Aquele que tem a noiva é o noivo; mas o amigo do noivo, que está presente e o ouve, alegra-se muito com a voz do noivo. Assim, pois, se completa esta minha alegria* (Jo 3.29). Como o amigo do Noivo (ou "o padrinho"), João Batista representa o líder servo que é chamado por Deus para preparar a noiva de Cristo para o dia do seu casamento.

Líderes sinceros na igreja desejam ser um amigo verdadeiro para Cristo. Um amigo verdadeiro procura preservar as afeições da noiva para nenhum outro além do Amado. A tentação para a noiva, entretanto, na ausência do Noivo, é começar a prestar atenção no amigo. A noiva começa a notar a fidelidade e integridade do amigo, e ela começa a dar-lhe grata apreciação.

A noiva diz estes tipos de coisas ao amigo, "Oh, Pastor, seu sermão hoje foi incrível! Você descreveu minha vida hoje, ou o que foi aquilo?! Aquela foi exatamente a palavra que eu precisava ouvir hoje. Foi tão fácil de entender e, ao mesmo tempo, tão profunda. Oh, Pastor, mal consigo expressar o quão grato eu sou a Deus por ter um pastor que ouve Deus!"

A noiva está louvando o amigo.

Ou a noiva dirá ao amigo, "Eu realmente amo vir ao seu estudo Bíblico. Você traz a vida da Bíblia! Os outros professores da Bíblia em nossa igreja são bons, mas eu faço questão de vir ao seu estudo toda semana. Espero que você nunca feche este grupo!"

Ou a noiva dirá ao amigo, "Eu realmente amo quando você lidera o louvor! Há uma unção incrível em sua vida para liderar o louvor. Uau, o culto de louvor hoje não foi glorioso?! Pra que o pastor precisava pregar? Eu poderia ter louvado por horas! Não é a mesma coisa com outros líderes de louvor. É uma unção especial que Deus deu só pra você".

Não tem erro, a noiva *louvará* o amigo. A questão é, o que o amigo fará quando a noiva o louvar? Ele vai receber seu louvor? Se o amigo começar a flertar com a noiva e começar a se alimentar de seus louvores, ele deixa de ser um *amigo;* ele será um *concorrente.*

Um amigo fiel nunca irá infringir na esfera do Noivo. A esfera do Noivo é a afeição da noiva. Ele "tem a noiva". Ele tem suas afeições e seu coração. Um amigo fiel nunca irá usurpar ou flertar com aquilo que é somente do Noivo – a afeição da noiva.

A Fraqueza da Carne

Como eu disse no início deste capítulo, eu ainda não estou vivendo em total vitória nesta área. Eu ainda encontro minha carne em alguns momentos gratificada pela atenção da noiva.

Quando isto acontece, estas frases seriam verdadeiras:

- Estou sofrendo mais hoje do que nunca com a tendência da minha carne de se alimentar com o louvor de homens.
- A intensa poda de Deus não tem me dado uma vitória incontestável, mas tem me sensibilizado grandemente à estas questões. Agora, quando o louvor de homens começa a me seduzir, eu estou quase imediatamente alerta ao que está acontecendo. Minha sensibilidade ao aprisionamento do louvor de homens tem se multiplicado exponencialmente.

- Eu tenho sido equipado pelo Senhor com formas de lidar com o louvor quando ele vem em meu caminho. Agora eu repito as palavras do meu Senhor, "Eu não recebo honra de homens". Eu declaro estas palavras como aquilo que estou alcançando.
- Devido à minha sensibilidade, às vezes eu sinto como se estivesse pior nesta área do que antes. Mas o Senhor me ajuda a ver que na verdade, eu tenho amadurecido e alcançado um grande progresso diante de Seus olhos. Isto é porque estou vivendo numa luz maior, e quanto maior o brilho da luz, mais feia a mancha parece ser.
- Eu tenho me preparado para uma jornada vitalícia para a vitória. A vitória não é tanto uma conquista, como é um comprometimento constante com o processo de morte – a morte do eu.
- Como eu tenho dado meu coração a servi-Lo com motivações mais puras nesta área, tenho experimentado uma dimensão de afeição do Seu coração para o meu, tão incrível que nem sei como descrever.

Capítulo 11

Como Eu Devo Louvar Outras Pessoas?

Se você leu este livro em ordem cronológica, neste momento você está bem consciente da armadilha do louvor de homens. Um desejo jorra dentro de nós para evitar que nos alimentemos do louvor de homens e para evitar que façamos outros tropeçarem, com o nosso louvor desordenado.

Então isto nos leva a três perguntas muito importantes que devem ser respondidas antes que este pequeno livro possa ser considerado completo:

"Eu devo louvar outras pessoas?"

"Se sim, como eu devo fazer isto apropriadamente?"

"Como eu devo responder quando as pessoas me afirmam e me louvam?"

Espero responder estas três perguntas nos nossos dois capítulos finais.

"Eu devo louvar outras pessoas?"

Aqui está minha melhor resposta para esta pergunta: **Eu não busco o louvor de outras pessoas, mas eu busco honrar, afirmar e encorajar outros crentes o máximo possível.** É correto que eu honre os outros de forma adequada, mas eu não devo buscar a honra das pessoas, nem tampouco encontrar minha identidade e realização em seus louvores. Meu senso de satisfação deve vir somente do louvor de Deus. Em outras palavras, **eu não estou querendo receber, mas estou querendo dar.**

Na verdade, as Escrituras revelam que eu tenho que te afirmar continuamente! Dê uma olhada nesta lista, e esta é apenas uma lista introdutória! Mas de acordo com a palavra de Deus, eu sou chamado para:

- Te amar.

Um novo mandamento vos dou: Amai uns aos outros como eu vos amei; como eu vos amei, amai também uns aos outros. (Jo 13.34)

- Te encorajar.

e enviamos Timóteo, nosso irmão, ministro de Deus e nosso cooperador no evangelho de Cristo, para vos confortar e exortar acerca da vossa fé (1Ts 3.2)

- Te amar cordialmente com amor fraternal.

Amai-vos cordialmente uns aos outros com amor fraternal, preferindo-vos em honra uns aos outros. (Rm 12.10)

- Te receber.

Portanto, recebei uns aos outros, como também Cristo nos recebeu para a glória de Deus. (Rm 15.7)

- Te admoestar.

Meus irmãos, estou certo, a respeito de vós, que também vós mesmos estais cheios de bondade, cheios de todo o conhecimento, podendo admoestar-vos uns aos outros. (Rm 15.14)

- Ser compassivo com você.

Antes, sede uns para com os outros benignos, misericordiosos, perdoando-vos uns aos outros, como também Deus vos perdoou em Cristo. (Ef 4.32)

- Te confortar e te edificar.

Pelo que exortai-vos uns aos outros e edificai-vos uns aos outros, como também o fazeis. (1Ts 5.11)

- Te exortar diariamente – e tanto mais, quanto vermos que se vai aproximando aquele Dia.

Antes, exortai-vos uns aos outros todos os dias, durante o tempo que se chama Hoje, para que nenhum de vós se endureça pelo engano do pecado. (Hb 3.13) *não deixando nossa congregação, como é o costume de alguns, antes admoestando-nos uns aos outros; e tanto mais quando virdes que se vai chegando aquele dia.* (Hb 10.25)

- Te considerar para estimular o amor e as boas obras.

  Consideremo-nos uns aos outros, para nos estimularmos ao amor e às boas obras (Hb 10.24)

- Ter compaixão de você.

  Finalmente, tende todos um mesmo sentimento, sede compassivos, amando os irmãos, entranhavelmente misericordiosos e afáveis (1Pe 3.8)

- Te fortalecer.

  Mas eu roguei por ti, para que tua fé não desfaleça; e tu, quando te converteres, confirma teus irmãos. (Lc 22.32)

- Te edificar (enaltecer).

  Sigamos, pois, as coisas que contribuem para a paz e a edificação de uns para com os outros. (Rm 14.19)

Acima de tudo, somos exortados a dar honra extra àqueles que servem como anciãos entre o rebanho de Deus: *Os presbíteros que governam bem sejam estimados por dignos de duplicada honra, principalmente os que trabalham na palavra e na doutrina* (1Tm 5.17).

Então, seja qual for a honra e o louvor devido aos crentes, os anciãos que trabalham na Palavra e doutrina são merecedores do dobro de honra e louvor.

Louvor, propriamente expresso e recebido, nos fortalecerá em nossa caminhada. Deus nos criou com a necessidade de encorajamento de uns para com os outros. Louvor e afirmação podem reforçar nossa coragem para perseverar em nossas guerras. Deus sabe que temos coisas o suficiente vindo a nós (entre o mundo, a carne e o diabo) para constantemente nos derrubar, nos cansar, nos desencorajar, nos ferir e nos decepcionar. E em meio a este dilúvio de resistência, Deus quis que ajudássemos um ao outro a ir em frente com nossas palavras.

Assim como Jesus lava a Sua noiva com Sua Palavra (Ef 5:26), também temos que nos lavar uns aos outros com nossas palavras. Na verdade, Hebreus 10:25 deixa claro que nossa afirmação e edificação de uns para com os outros, devem acelerar e crescer quanto mais próximo chegarmos da volta de Cristo. Está implícito neste versículo, o entendimento que como o ataque de Satanás contra os crentes acelera ao se aproximar do fim, a igreja dos últimos tempos estará precisando de mútua edificação, encorajamento e louvor do corpo de Cristo de forma inigualável. Então você não deve estar louvando apenas teus irmãos e irmãs de perto, mas deve estar expandindo isto mais e mais conforme o tempo passa!

Paulo louvou as pessoas. Ele se referiu a um irmão que foi louvado por todas as igrejas: *Em companhia dele, enviamos aquele irmão cujo louvor no evangelho está espalhado em todas as igrejas* (2Co 8.18). Paulo também louvou os crentes em Corinto pela diligência espiritual deles: *Eu vos louvo, irmãos, porque em tudo vos lembrais de mim e guardais as tradições assim como eu vos transmiti* (1Co 11.2). Então Paulo não se constrangia em louvar os homens pelas razões corretas, e da maneira correta.

Entretanto, ele também reteve seu louvor aos Coríntios em relação aos seus abusos no louvor corporativo:

- *Nisto, porém, que vou dizer, não vos louvo, visto que vos reunis não para melhor, mas para pior.* (1Co 11.17)
- *Não tendes, porventura, casas onde comer e beber? Ou desprezais a igreja de Deus e envergonhais os que nada têm? Que vos direi? Louvar-vos-ei? Nisto não vos louvo.* (1Co 11.22)

Então há coisas que nós devemos louvar em outros, e também há outras que não devemos louvar. Isto nos leva à nossa próxima pergunta. Se nós temos que crescer em louvor a outros, como sabermos sobre o que temos que louvá-los e sobre o que não temos que louvá-los? Quando e como fazer isto à maneira do reino?

Como que eu devo afirmar os outros?

Esta se torna uma pergunta muito importante porque se eu tenho que te louvar, afirmar e edificar, então *como* fazer isto sem alimentar a sua carnalidade? Em outras palavras, como eu não quero que você se alimente do meu louvor de uma forma que desonre o Senhor, como que eu te afirmo sem te causar um desserviço?

Isso eu sei: nós não somos chamados para manter uns aos outros desanimados. Nosso chamado é edificar uns aos outros. É o trabalho de Deus te manter humilde o necessário; é meu trabalho de louvar e encorajar.

Quando eu te encorajo, não é minha preocupação o como você lida com isto. Você pode responder perfeitamente, ou você pode deixar meu louvor inflar a tua carne. Sua resposta não está em minha jurisdição; minha única preocupação é ser fiel diante de Deus para te encorajar.

Então, santos amados: deixem o louvor fluir! Afirmem e encorajem uns aos outros! Mas agora, vamos à pergunta *como*.

Em primeiro lugar, olhando para o exemplo de Paulo, aprendemos que louvor e encorajamento devem ser dados com discernimento. Paulo louvou os Coríntios por algumas coisas (1Co 11.2, citado acima), mas havia algumas coisas pelas quais ele não os louvou (1Co 11.17,22, também citados acima). Então, não louvamos as pessoas indiscriminadamente, antes seletiva e cuidadosamente.

Jesus, que era muito discriminativo com Seu louvor, nos deu o modelo de como louvar os outros. Eu estudei como que Jesus louvava Seus discípulos, e os incidentes foram poucos, de fato. Jesus não jorrou louvores em Seus discípulos apenas para mantê-los apoiados emocionalmente. Quando Ele os louvava, era muito estratégico.

A ocorrência mais significante de Jesus louvando Seus discípulos foi nesta seguinte passagem:

Jesus, porém, respondeu: Até vós ainda não entendestes? Ainda não compreendeis que tudo o que entra pela boca desce para o ventre e é expelido? (Mt 15.16-17)

Note que: **Jesus elogiou Pedro, afirmando a obra de Deus nele.** Jesus estava dizendo, "Ah! Esse é o Pai! Você está compreendendo, Pedro! Como você é bem-aventurado, pois agora você está recebendo graça e revelação do céu. Esta é a obra de Deus em você".

Jesus nunca os elogiou por coisas feitas na força da carne deles. *porque a circuncisão somos nós, que servimos a Deus em Espírito, nos gloriamos em Jesus Cristo e não confiamos na carne* (Fp 3.3). Então aqui está o princípio que Jesus exemplificou para nós: **Afirme o que Deus está fazendo em alguém pela Sua graça.**

O Bom, o Ruim, o Feio

Algumas vezes, quando vemos os defeitos de alguém, temos a dificuldade de dar um reconhecimento apropriado aos seus momentos de inspiração do Espírito Santo. Deixe-me explicar.

Na história citada acima, Pedro recebe uma divina revelação da identidade de Jesus, e Jesus afirma a autenticidade daquela revelação. Entretanto, o contexto desta frase é muito importante.

Bem no próximo parágrafo, apenas momentos depois, vemos um lado de Pedro dramaticamente diferente:

Desde então, Jesus começou a mostrar aos seus discípulos que convinha ir a Jerusalém, padecer muito dos anciãos, dos principais dos sacerdotes e dos escribas, ser morto e ressuscitar ao terceiro dia. Pedro, chamando-o à parte, começou a repreendê-lo, dizendo: Senhor, tem compaixão de ti. De modo nenhum isto te acontecerá. Ele, porém, voltando-se, disse a Pedro: Para trás de mim, Satanás, que me serves de escândalo. Porque não compreendes as coisas que são de Deus, mas só as que são dos homens. (Mt 16.21-23)

No versículo 16, Pedro está recebendo revelação direta do Pai; no versículo 22, Pedro é boca de Satanás. Pense numa montanha russa! Das alturas às profundezas em meros minutos!

Conhecendo a fragilidade de Pedro, eu não fico surpreso em ouvir Jesus dizer a Pedro, "Para trás de Mim, Satanás!" O que é surpreendente é ouvir Jesus dizer ao mesmo homem, "Bem-aventurado é tu, Simão Barjonas, porque não foi carne e sangue que te revelou, mas meu Pai, que está nos céus".

Jesus tinha a incrível habilidade de, ao mesmo tempo ver e conhecer completamente, a fraqueza de Pedro e ainda louvar aquilo que era verdadeiramente de Deus na vida dele. Eu não sou sempre assim. Algumas vezes eu penso, "Eu não vou te falar o quão ungido você estava, neste momento porque eu sei que há coisas malígnas ainda espreitando seu coração". Mas quando Jesus viu as mãos do Pai naquela obra, Ele a afirmou.

A questão é: Devemos afirmar o que Deus está fazendo nas pessoas ao nosso redor, mesmo quando vemos seus defeitos.

Como Paulo louvava as pessoas

Paulo consistentemente empregava um método de encorajamento que equilibrava todas estas considerações. Ele usou esta forma de encorajamento várias vezes em suas epístolas, e aqui está apenas um exemplo: *Sempre devemos, irmãos, dar graças a Deus por vós, como é justo, porque vossa fé cresce muitíssimo e o amor de cada um de vós aumenta uns para com os outros* (2Ts 1.3).

Neste versículo, Paulo louvou os crentes de Tessalônica pela sua crescente fé e pelo seu abundante amor de uns para com os outros. Entretanto, ao invés de dar a eles o crédito, ele deu o crédito para Deus. Ele disse, "Nós... agradecemos a Deus... pois sua fé cresce muitíssimo". Ele deu graças a Deus porque percebeu que o crescimento deles em fé e amor era somente por causa da graça de Deus manifesta na vida deles. **Então com uma simples frase, Paulo fez duas coisas: ele louvou as conquistas espirituais deles, e deu todos os créditos para Deus.**

Note este mesmo padrão de ações de graças a Deus e louvor aos crentes, simultaneamente, em todas as suas epístolas:

- *Primeiramente, dou graças ao meu Deus por Jesus Cristo, acerca de todos vós, porque em todo o mundo é proclamada vossa fé.* (Rm 1.8)
- *Sempre dou graças ao meu Deus por vós pela graça de Deus que vos foi dada em Jesus Cristo, porque em tudo fostes enriquecidos nele, em toda palavra e em todo conhecimento* (1Co 1.4-5)
- *Graças damos a Deus, Pai de nosso Senhor Jesus Cristo, orando sempre por vós, porque ouvimos da vossa fé em Cristo Jesus e do amor que tendes para com todos os santos;* (Cl 1.3-4)
- *Sempre damos graças a Deus por todos vós, fazendo menção de vós em nossas orações, lembrando-nos sem cessar da obra*

da vossa fé, do trabalho do vosso amor e da vossa paciência e esperança em nosso Senhor Jesus Cristo, diante de nosso Deus e Pai, (1Ts 1.2-3)

- *Dou graças a Deus, a quem, desde os meus antepassados, sirvo com uma consciência pura, de que sem cessar lembro-me de ti nas minhas orações, noite e dia. Lembrando-me de tuas lágrimas, desejo muito ver-te, para me encher de alegria. Recordo-me da fé não fingida que há em ti, a qual habitou primeiro em tua avó Loide e em tua mãe Eunice, e estou certo de que também habita em ti.* (2 Tm 1.3-5)
- *Graças dou ao meu Deus, lembrando-me sempre de ti em minhas orações, pois tenho ouvido do amor e da fé que tens para com o Senhor Jesus Cristo e todos os santos,* (Fm 1.4-5)

Em cada uma destas porções das epístolas, Paulo louva os crentes por sua obediência à fé, ao mesmo tempo, atribuindo todos os créditos para a graça de Deus em operação neles.

Portanto, baseado no modelo de Paulo, quando você quiser louvar ou encorajar alguém pela graça de Deus em operação em sua vida, você pode dizer coisas assim, "Eu agradeço a Deus pela maneira que Ele te usa para ministrar Sua Palavra". "Eu agradeço a Deus pela maneira sacrificial que você serve e ama as crianças desta igreja". "Eu sou muito grato a Deus pela sua obediência em compartilhar o seu coração em nossa reunião de célula com tanta clareza e convicção". "Eu sou muito grato a Deus pela paixão que Ele te deu por Jesus. Isto inspira a igreja toda!"

Como um pai, isto se tornou muito importante para mim: como que eu afirmo meus filhos de forma piedosa? Eu quero elogiá-los, mas não quero aumentar a vaidade deles. Eu quero afirmá-los, mas não quero aumentar o orgulho e autossuficiência deles. Como que eu posso louvá-los, sem fazê-los colocar sua confiança na carne? A resposta para mim foi esta: louve e edifique-os mostrando o quanto Deus está lhes capacitando para cumprir suas realizações. Agora eu digo para eles coisas assim, "Com um boletim maravilhoso como este, você percebe o quanto Deus está te ajudando? A mão do Senhor está sobre ti!" Ou posso dizer, "Amor, você é tão bonita – O Senhor está te fazendo verdadeiramente uma linda mulher de Deus".

Eu quero que meus filhos se sintam edificados por mim como seu pai, mas também quero que eles percebam que tudo o que há de bom em suas vidas, chegou até eles pela graça de Deus e não por nenhuma bondade inerente deles próprios. O exemplo de Paulo tem me ajudado muito nesta área.

Venha comigo agora para nosso último capítulo enquanto fazemos uma pergunta muito difícil, "Como eu devo responder quando os outros me louvam?"

Capítulo 12

Como Eu Devo Responder Quando os Outros me Louvam?

Bom, nós afirmamos no Capítulo Seis que o louvor dos homens é uma armadilha. E também demos quatro razões no Capítulo Nove do porque é absolutamente vital que tenhamos vitória sobre o desejo pelo louvor dos homens:

1. Deus não pode confiar as mais altas dimensões de autoridade e poder do reino para vasos que são nutridos pelo louvor de homens.
2. Quando nos alimentamos do louvor de homens, estamos na verdade, sucumbindo na idolatria – encontrando nosso sustento em outra coisa além do próprio Cristo.
3. Somente quando somos livres da vontade de impressionar pessoas e quando buscamos honrar somente a Deus em nosso ministério, é que seremos capazes de encontrar a verdadeira precisão na guerra espiritual, e que nosso ministério verdadeiramente, "atingirá o alvo".
4. Aqueles que não são tocados pelos louvores de homens, se tornam livres de todos os homens. Eles são livres para amar todos os homens sem acepção e completamente, independentemente se eles são rejeitados ou amados, em retorno. Este é o lugar de liberdade total.

É o nosso desejo, entretanto, sermos completamente livres do louvor de homens. Mas estamos agora diante de um problema, pois acabamos de dizer que devemos estar louvando, encorajando e afirmando uns aos outros numa base crescente. Não temos problema desde que estejamos entregando o louvor. O problema vem quando somos, de repente, o recebedor do louvor.

Como devemos manter nossos corações diante de Deus quando as pessoas nos louvam? Como responder de uma forma que agrade o coração de Deus, para que Ele possa nos liberar para dimensões mais altas de eficácia no reino? Como podemos guardar nossos corações para que nosso amado Senhor realmente se alegre conosco?

"O que eu devo fazer quando os outros me afirmam?"

Então esta é a nossa próxima e conclusiva pergunta. O que eu faço quando um outro crente, num esforço genuíno para me encorajar e edificar, me louvar e honrar por algo que eu tenha feito?

Aqui mora o problema. Quando você já está sensível a esta dinâmica de não receber o louvor de homens, aí chega um fogo repentino em sua alma quando alguém te elogia. Aí você diz, "Oh Deus, o que eu faço agora? Eu não quero me alimentar deste louvor! Mas esta irmã é tão sincera, eu também não quero ser rude". Este fogo é o que Provérbios 27:21 se refere: *O crisol é para a prata, e o forno, para o ouro, e o homem é provado pelos louvores.*

Quando alguém te louva, o fogo é aumentado, e as verdadeiras atitudes do teu coração começam a aparecer. Deus irá usar os elogios que você recebe para te mostrar o teu coração.

Por exemplo, alguém diz para você, "Havia uma unção incrível sobre você quando você cantou aquela música! Uau, faz muito tempo que eu não via aquele tipo de unção num solo". Do lado de fora, você contesta com um pequeno sorriso e diz, "Louvado seja Deus". Mas por dentro você está numa batalha, "Eu não recebo este louvor, Senhor! Eu não vou me alimentar dele! Por que esta pessoa está fazendo isto comigo agora?"

Então eu fico bem ao dar louvor, eu só não sei o que fazer quando ele é dirigido a mim. Eu não sei o que dizer; eu não sei o tamanho do sorriso que devo dar; eu não sei o que devo fazer com as minhas mãos; fico chateado com a maneira que a minha carne está se alegrando com o elogio. Esta pessoa pensa que está me edificando, mas ao invés disso, ela desencadeou uma batalha violenta em minha alma.

Eu fui ao Senhor em oração acerca desta luta, pois estava num dilema. Eu sabia que era bíblico que as pessoas me louvassem, mas eu não sabia o que fazer quando isto me ocorria. Eu não queria receber o louvor, mas também não queria ser desagradável ou distante.

A resposta veio a mim em Romanos 15.7, *Portanto, recebei uns aos outros, como também Cristo nos recebeu para a glória de Deus.* Aqui está o princípio que eu vi:

Quando você me louva, eu não recebo <u>o seu louvor</u>, eu recebo <u>você</u>.

Eu não recebo o seu louvor porque é simplesmente a opinião de um homem. Mas eu recebo você, porque eu percebo que ao me louvar, você está simplesmente tentando expressar o seu amor por mim.

Então, quando alguém me louva, minha resposta agora é basicamente, "Obrigada pelo seu amor!" Eu oferecerei um sinal apropriado de afeição, como um aperto no braço daquela pessoa, um abraço, ou um sorriso caloroso. Embora eu não esteja recebendo o louvor daquela pessoa, eu estou recebendo aquela pessoa e seu amor.

É por isso que temos que louvar e encorajar uns aos outros – para que possamos *receber* uns aos outros.

Se alguém for submetido a um transplante de fígado, os médicos provavelmente lhe dirão, "O corpo dele recebeu o novo fígado". Quando os membros do corpo não recebem um outro membro, o corpo está num problema sério. É crucialmente importante para a saúde e inteireza do corpo que ele receba cada um de seus membros.

O mesmo é verdade no corpo de Cristo, que nunca chegará à completa maturidade e frutificação enquanto não receber uns aos outros, sem acepção, como membros do corpo. O Senhor deseja que abramos totalmente nossos corações uns aos outros (veja 2 Co 6.11-13).

Então quando alguém te encoraja ou afirma, dê louvor a Deus por Sua graça manifesta em e através de sua vida. E depois receba seu irmão ou irmã em santa afeição cristã!

Conclusão

Concluindo, talvez seja de grande valia rever sequencialmente, os princípios essenciais que temos explorado neste livro:

1. Todos nós sofreremos rejeição até o dia de nossa morte. Esta é uma dinâmica inevitável de nossa existência humana.
2. Ninguém mais do que Jesus sofreu rejeição. Jesus provou que mesmo que você for perfeito, será rejeitado.
3. Quanto mais parecido com Jesus você se tornar, mais rejeitado será.
4. Se respondermos apropriadamente à rejeição, ganharemos um tesouro eterno.
5. A rejeição é umas das ferramentas especiais de Deus na escola do Espírito, reservada para aqueles que Ele tem uma afeição especial.
6. A rejeição é uma provação – mas a aceitação do Pai é o bálsamo de cura.
7. A rejeição dá uma ferroada, mas não tem que ferir o teu coração.
8. Temos que perdoar aqueles que nos rejeitam.
9. Temos que aprender a crer e receber o amor do Pai.
10. Quando Deus me aceita, eu não preciso da aceitação de mais ninguém.

11. Embora eu precise somente da aceitação de Deus, eu desesperadamente preciso de relacionamentos e conexões apropriados com meus irmãos em Cristo.
12. Um dos maiores desafios da maturidade cristã é me fazer vulnerável para a tua bondade e afeição, e ao mesmo tempo, não me permitir ser ferido pela tua rejeição.
13. É um sinal de maturidade quando conseguimos receber a correção sem interpretá-la como rejeição.
14. Você não será curado da rejeição, analisando a fonte de sua rejeição, mas olhando para a sua fonte de aceitação. De quem você busca aceitação?
15. Quando eu anseio pela tua aceitação, eu me abro para a tua rejeição.
16. Você não pode buscar a aceitação de Deus e dos homens ao mesmo tempo.
17. Rejeição e louvor são termos opostos da mesma série com raízes idênticas.
18. Duas razões do porque não devemos ser tocados pelo louvor de homens: as pessoas não são confiáveis, e as opiniões das pessoas são insignificantes.
19. O medo de homens (desejo pelo louvor de homens) é uma armadilha.
20. Jesus não recebeu o louvor de homens.
21. Quando somos energizados pelo louvor de homens, perdemos nosso discernimento.
22. Não receba a substituição barata do louvor de homens, quando você pode lutar pelo mais alto louvor – a honra do próprio Deus.
23. Se alimentar de honra dos homens é idolatria.
24. Quando eu não recebo mais o louvor de homens, e me torno livre de todos os homens – livre, quer dizer, amar todos os homens sem acepção e incondicionalmente.

25. Viver num lugar em que somos totalmente livres do louvor e da rejeição de homens é uma peregrinação vitalícia.
26. Eu não busco o louvor de outras pessoas, mas procuro honrar e encorajar outros crentes o máximo possível.
27. Eu posso elogiar outros dando graças a Deus pelo que a Sua graça realizou em suas vidas.
28. Devemos afirmar o que Deus está fazendo nas pessoas ao nosso redor, mesmo quando vemos seus defeitos.
29. Quando você me louva, eu não recebo *o seu louvor*, eu recebo *você*.

Vamos orar. *Pai Santo, nós te bendizemos pelo Teu insondável amor. O Senhor nos aceita totalmente e incondicionalmente. Somos curados e inteiros por tuas afeições. Dá-nos poder pelo Teu Espírito em nosso homem interior para que possamos conhecer este amor, para que possamos ser cheios de toda a plenitude de Deus. Torna-nos livres – livres das feridas das rejeições dos homens, e livres das seduções dos louvores de homens. Una-nos em fervoroso amor aos nossos irmãos, capacita-nos a amar os outros como Cristo os ama, e que possamos ser satisfeitos com a Tua aprovação em nossas vidas. Te pedimos estas coisas em nome do nosso amado Senhor Jesus Cristo. Amém!*

Gostou?

Você foi abençoado por este livro? A leitura desta profunda obra foi uma experiência rica e impactante em sua vida espiritual?

O fundador da Editora Atos, que publicou este exemplar que você tem nas mãos, o Pastor Gary Haynes, também fundou um ministério chamado *Movimento dos Discípulos*. Esse ministério existe com a visão de chamar a igreja de volta aos princípios do Novo Testamento. Cremos que podemos viver em nossos dias o mesmo mover do Espírito Santo que está mencioado no livro de Atos.

Para isso acontecer, precisamos de um retorno à autoridade da Palavra como única autoridade espiritual em nossas vidas. Temos que abraçar de novo o mantra *Sola Escriptura*, onde tradições eclesiásticas e doutrinas dos homens não têm lugar em nosso meio.

Há pessoas em todo lugar com fome de voltarmos a conhecer a autenticidade da Palavra, sermos verdadeiros discípulos de Jesus, legítimos templos do Espírito Santo, e a viermos o amor ágape, como uma família genuína. E essas pessoas estão sendo impactadas pelo *Movimento dos Discípulos*.

Se esses assuntos tocam seu coração, convidamos você a conhecer o portal que fizemos com um tesouro de recursos espirituais marcantes.

Nesse portal há muitos recursos para ajudá-lo a crescer como um discípulo de Jesus, como a TV Discípulo, com muitos vídeos sobre tópicos importantes para a sua vida.

Além disso, há artigos, blogs, área de notícias, uma central de cursos e de ensino, e a Loja dos Discípulos, onde você poderá adquirir outros livros de grandes autores. Além do mais, você poderá engajar com muitas outras pessoas, que têm fome e sede de verem um grande mover de Deus em nossos dias.

Conheça já o portal do Movimento dos Discípulos!

www.osdiscipulos.org.br